Susan DeVries & Bobbie Wolgemuth

WAS JEDE BRAUT WISSEN SOLLTE

Susan DeVries & Bobbie Wolgemuth

Was jede Braut wissen sollte

Die 12 besten Tipps für die Ehe

francke

Über die Autorinnen:
Susan DeVries leitet zusammen mit ihrem Mann seit vielen Jahren Ehevorbereitungskurse und Ehewochenenden. Die beiden haben drei Kinder und leben in Tennessee.

Bobbie Wolgemuth ist die Leiterin einer Bibelgruppe und hat einige Bücher für Mütter geschrieben. Zusammen mit ihrem Mann Robert hat sie zwei inzwischen erwachsene Kinder.

Sofern nicht anders angegeben, werden die Bibelstellen nach der Übersetzung „Hoffnung für alle" zitiert.

Bibliografische Information Der Deutschen Bibliothek
Die Deutsche Bibliothek verzeichnet diese Publikation in der Deutschen Nationalbibliografie; detaillierte bibliografische Daten sind im Internet über http://dnb.ddb.de abrufbar.

ISBN 978-3-86827-497-4

Originally published in English under the title:
What Every Bride Needs to Know
Published by arrangement with The Zondervan Corporation L.L.C.,
a subsidiary of HarperCollins Christian Publishing, Inc.

35037 Marburg an der Lahn
Deutsch von Anja Findeisen-Mackenzie
Umschlagbild: © iStockphoto. com / grmarc
Umschlaggestaltung: Verlag der Francke-Buchhandlung GmbH /
Sven Gerhardt
Satz: Verlag der Francke-Buchhandlung GmbH
Printed in Czech Republic

www.francke-buch.de

Inhaltsverzeichnis

Einführung

Es ist beinahe 25 Jahre her, da waren Steve und Mary Lee Bartlett für meinen Mann Mark die ersten Versuchskaninchen in der Eheberatung – oder besser gesagt: in der Vor-Eheberatung. Obwohl Mark als Berater noch ziemlich grün hinter den Ohren war, schienen dem jungen Paar die Gespräche mit ihm enorm zu gefallen. Sie lachten, sie träumten und ließen keins der heißen Eisen aus.

Inzwischen sind mehr als zwei Jahrzehnte vergangen, und die Bartletts sind für uns zu engen Freunden geworden. Als wir dieses Buch in Angriff nahmen, erschien es uns demnach ganz selbstverständlich, sie als eines der ersten Paare um einen Beitrag zu bitten. Ich bat Mary Lee, mir zu erzählen, wie gut sie sich auf das erste Ehejahr vorbereitet gefühlt hatte. Ihre Antwort werde ich nie vergessen: „Die Beratungsgespräche vor der Ehe sind zwar sehr gut gewesen, aber ich wünschte, jemand hätte mir gesagt, wie schwer es tatsächlich werden würde."

Mittlerweile haben wir fast zweihundert Paaren geholfen, sich auf die Ehe vorzubereiten – manchmal Mark und ich gemeinsam, manchmal nur Mark allein. Und wir sind überzeugt: Mary Lee ist nicht die Einzige, der es so geht. Tatsächlich bestätigen aktuelle Forschungen, dass es für eine junge Braut der Normalfall ist, von den Problemen des ersten Ehejahres überrumpelt zu werden. In einer Studie wurde festgestellt: Ganze 90 Prozent der frischgebackenen Ehefrauen leiden im ersten Jahr nach der Trauung an mehr oder weniger starken Depressionen.[1] Eine weitere Studie belegt sogar, dass jede der befragten Frauen im ersten Jahr nach der Hochzeit ein unerwartetes Gefühl der Enttäuschung verspürte.[2]

Natürlich kennen wir auch viele Frauen, die eine solche Erfahrung nicht gemacht haben. Dennoch ist diese leicht deprimierte Stimmung eigentlich etwas ganz Normales. Eine Hochzeit ist ein solch unglaublicher Höhepunkt im Leben einer Frau, dass alles andere, was danach kommt, dagegen verblassen muss. Für manche führt der Blues nach der Hochzeit sogar zu der Überzeugung, sie hätten gerade den größten Fehler ihres Lebens begangen. Andere fühlen sich betrogen, denn sie haben geglaubt, an der Seite ihres Prinzen automatisch glücklich zu werden. Wieder andere beginnen ihre Ehe mit einer verkümmerten Beziehung zueinander, denn sie haben so viel Energie in die Hochzeit investiert, dass sie ihrer Beziehung keine Aufmerksamkeit mehr schenken konnten.

Wenn es Ihnen nach der Hochzeit so geht wie den meisten Frauen, dann sehnen Sie sich vielleicht nach einem Ratgeber, der Ihnen den Weg durch die unerwarteten Gefühlstiefs hindurch zeigt und Ihnen hilft, gezielt in das zu investieren, was wir das „Jahr des noch frischen Zements“ Ihrer Ehe nennen.

Wer hat dieses Buch geschrieben, und welches Ziel verfolgt es?

Gemeinsam mit meiner guten Freundin Bobbie Wolgemuth freue ich mich darauf, Ihnen ein paar Grundsätze nahezubringen, mit denen Sie eine außergewöhnlich gute Ehe aufbauen können. Doch vorher möchte ich Ihnen unsere Ehemänner vorstellen: Mark DeVries und Robert Wolgemuth, die das Gegenstück zu diesem Buch geschrieben haben: *Was jeder Bräutigam wissen sollte.*

Missie und Julie, die Töchter der Wolgemuths, waren als Teenager in unserer Jugendgruppe und halfen schließlich beide mit uns gemeinsam in der Jugendarbeit mit. So ergab es sich, dass sie Mark – ihren Jugendpastor – baten, sie während ihrer Verlobungszeit zu beraten und auch die Trauung für sie zu halten. Schon kurz nach ihrer Hochzeit tauchte die Idee für ein Buch auf. Robert und Bobbie hatten nämlich aus einer ganz anderen Perspektive heraus erlebt, wie wichtig die richtigen Worte für ein junges Paar sein können, das seinen gemeinsamen Weg beginnt. Und so luden die beiden uns ein, mit ihnen zusammen eine Idee zu entwickeln, um Paare im ersten Jahr ihrer Ehe zu stärken.

Ich möchte gleich hier zu Anfang darauf hinweisen, dass diese Bücher das Ergebnis einer Zusammenarbeit zwischen uns vier sind. In gewisser Hinsicht sind wir gemeinsam die Autoren beider Bücher. Doch damit es keine Unklarheiten gibt, haben wir uns entschlossen, jeweils nur eine Stimme zu Wort kommen zu lassen. In diesem Buch hören Sie durchgehend meine, und in *Was jeder Bräutigam wissen sollte* hören Sie die von Robert. Es ist unser großer Wunsch, Bücher zu schreiben, die allein schon durch die Art, wie sie gestaltet sind, Paare zusammenbringen und sie zu Experten für das gegenseitige Verstehen machen.

Sie werden sehen, dass die Kapitel der beiden Bücher ähnliche Überschriften haben, aber sehr unterschiedliche Inhalte. In diesem Buch soll es für Sie darum gehen, Ihren Mann besser kennenzulernen und zu begreifen, wie viel Sie erreichen können, wenn Sie in positiver Weise auf ihn eingehen. *Was jeder Bräutigam wissen sollte* soll dem Ehemann Perspektiven dafür eröffnen, wie er „seine Frau glücklich machen kann“, ein faszinierender biblischer Satz, über den Sie in Kapitel 1 mehr erfahren werden.

Wie soll ich dieses Buch verwenden?

Während wir dieses Buch schrieben, trafen Mark und ich uns jede Woche mit einer Gruppe von Ehepaaren und wollten von ihnen wissen, wie sie unsere Texte fanden. Zu unserer größten Freude stellten wir fest, dass diese Paare sich einfach nicht damit begnügen wollten, das Manuskript zu beurteilen. Gleich beim ersten Treffen brachte allein schon die Gestaltung des Buches sie dazu, sich intensiv mit ihrer eigenen Ehe zu beschäftigen, und das, obwohl die Entwürfe für die einzelnen Kapitel noch in den Kinderschuhen steckten und die Gruppe nicht immer mit dem einverstanden war, was wir geschrieben hatten.

Für Sie ist es von Anfang an wichtig zu wissen, dass dieses Buch Ihnen nicht dabei helfen wird, „den ganz normalen Mann“ zu verstehen. Denn der Mann, den Sie geheiratet haben, ist mit Sicherheit kein Durchschnittstyp. Dieses Buch soll Ihnen vielmehr dabei helfen, Ihre Mission zu erfüllen: eine Expertin zu werden für den Mann, der Ihnen als Lebenspartner geschenkt wurde. Und hier drei Tipps, die Ihnen dabei helfen können, das Gelernte anzuwenden – damit Sie und Ihr Partner einander viel besser kennenlernen und genießen können, als Sie es sich jemals erträumt hätten:

1. Tipp: Abgucken erlaubt!

Die Teilnehmerinnen unserer Gruppe hatten die Angewohnheit, heimlich in die Bücher der Männer hineinzuschauen. Und hin und wieder steckte selbst der größte Lesemuffel unter den Männern seine Nase in das Buch für die Frauen – nur um zu überprüfen, ob wir auch die Wahrheit geschrieben hatten.

2. Tipp: Fragen Sie den Experten!

Wahrscheinlich werden Sie bei der Lektüre des Buches auf Aussagen über „Männer im Allgemeinen" stoßen, die auf den Mann, mit dem Sie verheiratet sind, einfach nicht zutreffen. Wenn das der Fall ist, sollten Sie Ihren Mann fragen: „Denkst du wirklich so?" oder: „Gilt das auch für dich?"

3. Tipp: Werden Sie zur Expertin!

Wenn Sie erst seit ein paar Wochen verheiratet sind, ist Ihr Mann vielleicht schon etwas ratlos geworden. Sie können ihm aber helfen, Sie zu verstehen und sich an Ihnen zu freuen, wenn Sie auf seine Fragen und seine Versuche, Ihr Herz zu begreifen, warm und positiv reagieren.

Stimmt das wirklich alles?

Die Geschichten, von denen Sie hier lesen werden, sind wahr, wenn auch manche Einzelheiten abgewandelt wurden. Die Namen und die äußeren Gegebenheiten wurden verändert, um die Identität der Menschen zu schützen, deren Geschichte wir erzählen. Manchmal haben wir auch die Erfahrungen mehrerer Paare nahtlos miteinander kombiniert und dabei die Namen und äußeren Umstände komplett verändert.

Wir möchten außerdem noch betonen, dass wir bei dem Untertitel unseres Buches *Die 12 besten Tipps für die Ehe* natürlich in erster Linie an frisch verheiratete, junge Paare gedacht haben. Wenn Sie schon seit vielen Jahren verheiratet sind, sollten Sie sich aber nicht entmutigen lassen: Auch für Ihre Ehebeziehung werden Sie hier viele wertvolle Hinweise finden, die Ihnen helfen, Ihre Ehe zu vertiefen und zu verbessern.

Ganz egal, ob Sie sich gerade auf die Ehe vorbereiten oder ob Sie seit dreißig Tagen oder dreißig Jahren verheiratet sind: Wir möchten Sie dazu einladen, das kommende Jahr zum wichtigsten Ihres Lebens werden zu lassen.

Susan DeVries, Nashville, Tennessee
Bobbie Wolgemuth, Orlando, Florida

1. Das allerwichtigste Jahr:
Der Realitäts-Check

Das Erste, woran eine Frau sich gewöhnen muss:
Sie ist keine Braut mehr.
Sheryl Nissinen, *The Conscious Bride*

Mit dem Folgenden sage ich Ihnen wahrscheinlich nichts Neues: Wenn Sie Informationen darüber brauchen, woran man als Braut unbedingt denken muss, müssen Sie nicht lange suchen. Es gibt zu diesem Thema Tausende von Büchern, Zeitschriften, Fernsehsendungen und Internetseiten – und sie alle bieten Tipps und Checklisten an, mit denen eine gut organisierte Braut ihre Hochzeit vorbereiten kann. Die meisten Listen beginnen mit der Überschrift „Zwölf Monate vor der Hochzeit“. Also müssen etliche von uns feststellen, dass sie viel zu spät dran sind, noch bevor sie überhaupt angefangen haben. Und am Ende haben wir immer noch nicht aufgeholt.

Bei meinen Nachforschungen bin ich auf Listen gestoßen, die geradezu alles abdecken – von der Auswahl des Kleides bis zur Gestaltung eines Routenplans für die Fahrt zur Feier. Doch in keiner einzigen wurde darauf hingewiesen, wie viel Zeit eine Braut wohl aufwenden muss, um diese gigantischen To-do-Listen abzuarbeiten.

Also nahm ich meinen Taschenrechner zur Hand, gab ein, wie viel Zeit einige dieser Aufgaben verschlingen, und kam zu einem eigenen Ergebnis. Wussten Sie, dass eine Braut im Durchschnitt 150 bis 500 Stunden braucht, um ihre Hochzeit vorzubereiten? Das entspricht einem dreimonatigen Vollzeitjob. Wenn Sie selbst auf das Jahr vor Ihrer Hochzeit zurückblicken, können Sie das sicherlich auch nachvollziehen, oder?

Wenn Sie es so gemacht haben wie die meisten Frauen, dann haben Sie unglaublich viel Zeit und Energie aufgewandt, um Ihre Hochzeit so zu gestalten, dass sie zu Ihnen und Ihrem Mann „passt" – Sie haben den Tag Ihrer Trauung so gestaltet, wie Sie ihn sich schon als kleines Mädchen erträumt und Ihr Leben lang geplant haben. Nun ist dieser besondere Tag vorüber, und die Wahrscheinlichkeit ist groß, dass es Ihnen so geht wie ganz vielen Frauen: Sie empfinden den „Blues nach der Hochzeit", den ich die „Prinzessinnen-Krise" nenne.

Eine Prinzessin ist wunderschön; jeder ist gern mit ihr zusammen; sie hat die romantische Aufgabe, die Zuneigung eines Märchenprinzen zu gewinnen; und sie ist umgeben von Menschen, die ihr jeden Wunsch von den Augen ablesen. Aber nach der Hochzeit sieht die Braut sich oft nicht mehr als Prinzessin – eher als Königin, die ihre Pflichten erfüllen muss. Wenn aus der Prinzessin eine Königin wird, dann fängt die harte Arbeit erst richtig an.

Vielleicht haben Sie auch bemerkt, dass auf den Checklisten zur Hochzeitsvorbereitung ein Punkt fast immer fehlt: Zeit einzuplanen, in der Sie an der Beziehung zu Ihrem künftigen Ehemann arbeiten. Wieder nahm ich meinen Taschenrechner und versuchte herauszubekommen, wie viel Zeit ein typisches Brautpaar vor der Hochzeit damit zubringt, die innere Einstellung und die Fähigkeiten zu entwickeln, die es für eine glückliche Ehe braucht. Manche Paare lassen sich vor der Hochzeit beraten – was ungefähr fünf Stunden erfordert. Wer sich noch mehr engagieren möchte, liest vielleicht auch noch ein Buch – sagen wir für weitere zehn Stunden. Wenn es hochkommt, verbringt das durchschnittliche Brautpaar also zehnmal mehr Zeit mit der Vorbereitung der Hochzeitsfeier als mit der Vorbereitung auf die Ehe selbst.

Somit ist es nicht ungewöhnlich für eine Braut, im Organisationstrubel für ihren Hochzeitstag fortgerissen zu werden und die Beziehung zu ihrem Verlobten zu vernachlässigen. Und es kommt ebenfalls häufig vor, dass zwei Menschen im ersten Ehejahr die Beziehung zueinander vernachlässigen, denn es stürmt ja so vieles auf sie ein: Sie müssen sich im neuen Zuhause einleben, vielleicht in einer neuen Stadt und an einer neuen Arbeitsstelle. Am Ende dieses ersten Jahres fragen sie sich dann verwundert, was aus der großen Liebe geworden ist, die sie am Tag ihrer Hochzeit füreinander empfunden haben.

Doch Sie haben immerhin dieses Buch zur Hand genommen, weil Sie sich mehr für Ihre Ehe wünschen. Seien Sie herzlich willkommen!

Warum die große Anstrengung nicht reicht

In den Büchereien und Buchhandlungen werden die Regalreihen zum Thema Ehe und Beziehungen immer länger. Das zeigt, wie sehr Menschen sich danach sehnen, in einer gut funktionierenden Partnerschaft zu leben. Tatsächlich wurden in den letzten dreißig Jahren mehr Bücher über die Ehe geschrieben als in den gesamten zwei Jahrtausenden davor. Doch obwohl es eine solche Fülle an Literatur gibt, brauchen wir uns nicht lange umzusehen, um zu erkennen, dass tolle Ehekonzepte nicht automatisch auch zu einer tollen Ehe führen.

Manche meinen, Ehen würden vor allem an mangelnder Treue und Zuverlässigkeit scheitern. Andere behaupten, den Paaren von heute mangele es an der richtigen geistlichen Grundlage. Wieder andere sind der Ansicht, das Problem bestehe einfach nur darin, dass die jetzige Generation nicht mehr so opferbereit sei wie ihre Eltern und Großeltern. Bobbie und ich sind aber zu der Überzeugung gelangt: Ganz unabhängig von den genannten Gründen kann der Erfolg oder das Scheitern einer Ehe fast immer auf das erste gemeinsame Jahr zurückgeführt werden.

Nehmen wir zum Beispiel Sandra. Ihr ganzes Leben lang hatte sie davon geträumt zu heiraten – ihr Leben mit einem anderen Menschen zu teilen, gemeinsam am Strand spazieren zu gehen, miteinander zu tanzen und die Erlebnisse des Alltags zu bereden. Als sie Tim traf, wusste sie, dass sie den Mann ihrer Träume gefunden hatte. Er war stark und zuverlässig, ging in seiner ruhigen Art auf sie ein und war ehrgeizig. Er wusste, was er vom Leben erwartete, und das gefiel ihr.

Doch schon kurz nach der Hochzeit stellte Sandra fest, dass ihr Traummann die schlechte Gewohnheit hatte, sie einsam und verletzt zurückzulassen. Sie sehnte sich nach der Nähe, die sie während der Freundschafts- und Verlobungszeit empfunden hatten, doch Tim schien meistens weit weg zu sein, nahezu unerreichbar.

Sandra strengte sich noch mehr an, ihm eine gute Frau zu sein. Sie bemühte sich, auf Tims Stimmungen und Bedürfnisse einzugehen, und diente ihm so selbstlos, wie sie nur konnte. Doch bald schon merkte sie, dass Tim dies alles für selbstverständlich hielt und ihr nur wenig Dank entgegenbrachte.

So ging es Jahr um Jahr weiter, während ihre zwei Kinder geboren wurden und heranwuchsen. Als die Kinder dann ihr eigenes Leben aufbauten, kehrte Sandras Schmerz mit voller Wucht zurück. Sie versuchte, mit Tim über ihre schon so lange währende Unzufriedenheit mit ihrer Ehe zu sprechen. Doch Tim war vor allem mit seinem Beruf beschäftigt und warf ihr „ein schlechtes Timing" vor.

Kurz nach ihrem zwanzigsten Hochzeitstag beschloss Sandra, das zu tun, was sie eigentlich nie hatte tun wollen. Als die Scheidungspapiere auf Tims Schreibtisch lagen, hatte sie endlich seine volle Aufmerksamkeit. Tim versuchte ihr die Trennung auszureden, aber Sandra war fest entschlossen. Gute Freunde drängten das Paar, eine Eheberatung aufzusuchen. Doch die ganze Situation hatte sich mittlerweile so negativ entwickelt, dass es Sandra und Tim beim besten Willen nicht gelang, die Grundlage für einen Neuanfang zu finden. Sie sagten den Satz, den schon viele gesagt haben: „Wir haben uns so sehr bemüht; wir haben alles versucht, aber nichts hat geholfen."

Man kann nicht behaupten, dass Sandra und Tim nichts in ihre Ehe investiert hätten. Im Gegenteil: Sie brachten große Opfer und versuchten verzweifelt, ihre Beziehung zu retten. Sie unternahmen enorme Anstrengungen. Aber es war einfach zu spät.

Denn die Saat des Misserfolgs war schon im ersten Jahr ihrer Ehe ausgesät worden – und sie wuchs im Lauf der Zeit zu einer kräftigen Pflanze heran, unter der die Liebe und Treue des Paares erstickte. In diesem ersten Jahr hätte man Veränderungen herbeiführen können – mit geringem Aufwand. Doch nach zwanzig Jahren festgefahrener Verhaltensmuster gingen selbst die heldenhaften Bemühungen von Tim und Sandra in einer Flut von negativen Strömungen unter, die sie nicht mehr aufhalten konnten.

Der Grundsatz, der dahinter steht, lautet: Wenn wir uns früh darum bemühen, die Weichen richtig zu stellen, kostet uns das nur einen Bruchteil der Anstrengungen, die erforderlich sind, um festgefahrene Verhaltensmuster zu ändern. Diese frühe Investition braucht weniger Zeit. Sie braucht auch weniger emotionale Anspannung. Und sehen wir uns an, welchen Gewinn sie uns bringt:

- Menschen, die eine gute Ehe führen, leben länger, sind gesünder und ganz allgemein viel zufriedener mit ihrem Leben als Vergleichspersonen. Verheiratete haben im Durchschnitt eine vier Jahre höhere Lebenserwartung als Unverheiratete.[3]
- 40 Prozent der verheirateten Paare bezeichnen sich als sehr glücklich; dasselbe sagen nur 18 Prozent der Geschiedenen von sich und 22 Prozent derer, die Singles sind oder als unverheiratetes Paar zusammenleben.[4]
- Neuere Statistiken belegen, dass ein durchschnittliches Ehepaar Mitte fünfzig ein fast fünffach höheres Vermögen hat als eine durchschnittliche geschiedene Person oder ein Single.[5]
- Eine Scheidung erhöht auf drastische Weise die Wahrscheinlichkeit eines frühen Todes durch

Schlaganfall, Bluthochdruck sowie durch Krebserkrankungen der Atemwege und des Verdauungstraktes. Erstaunlicherweise führt ein geschiedener Nichtraucher ein gefährlicheres Leben als jemand, der jeden Tag eine Packung Zigaretten (oder mehr) raucht und verheiratet ist! (Da fragt man sich, ob die Scheidungspapiere nicht mit einer ärztlichen Warnung versehen werden müssten.)[6]

Das wichtigste Jahr

Als wir uns auf Schatzsuche begaben, um das Geheimnis einer guten Ehe zu lüften, stießen wir auf einen Text im Alten Testament, der mitten in dem wenig gelesenen 5. Buch Mose steht. Hier, direkt vor dem Abschnitt, in dem angeordnet wird, dass man seinem Schuldner nicht die Getreidemühle als Pfand wegnehmen darf (dies ist kein Scherz!), finden wir einen einzigen Bibelvers, der unsere Ehe von Grund auf verändern kann:

> *Wenn ein Mann frisch verheiratet ist, darf er nicht zum Kriegsdienst oder zu anderen Aufgaben herangezogen werden. Er soll ein Jahr lang davon befreit sein, damit er ein Zuhause schaffen und seine Frau glücklich machen kann.*
>
> 5. Mose 24,5

Vielleicht finden Sie eine solche Anordnung lächerlich oder irritierend. Aber schauen wir uns doch einmal die Grundsätze an, die in diesem Vers eingebettet sind; diese Grundsätze könnten nämlich Ihr erstes Ehejahr zum wichtigsten Ihres Lebens machen.

Grundsatz 1:
Das „Jahr des noch frischen Zements" – „frisch verheiratet"

Haben Sie schon einmal auf dem Asphalt eines Bürgersteigs einen Händeabdruck oder einen eingeritzten Namen entdeckt? Wie wenig Aufwand bedeutet es doch, solche Spuren zu machen, und wie schwer ist es, sie wieder zu entfernen! Auch in Ihrer Ehe entstehen schon früh solche Spuren. Sie sind leicht zu hinterlassen, aber äußerst schwer zu verändern.

Die Bibel macht deutlich: Das erste Ehejahr ist etwas ganz Besonderes – und sollte es auch sein. Dahinter steckt die Auffassung, dass gerade der Ehemann während dieses ersten Jahres empfänglicher für Veränderungen ist als zu irgendeiner anderen Zeit in seinem Leben. Darum nennen wir diese Phase das „Jahr des noch frischen Zements". Wenn die Verhaltensmuster in einer Ehe erst einmal festgelegt sind, kann es zwar noch Veränderung geben, aber man braucht dann schon einen Presslufthammer.

Zu viele Frauen meinen, sie müssten sich im ersten Jahr ihrer Ehe darum bemühen, nur ja keine großen Wellen zu verursachen; denn sie sind der Ansicht, dass die kleinen Ärgernisse und Rücksichtslosigkeiten vonseiten ihres Mannes von allein verschwinden werden. Doch wir konnten in fast jeder Ehe beobachten: Wenn die Probleme im ersten Jahr nicht angegangen werden, dann werden sie im Lauf der Jahre immer größer und lähmen die Beziehung.

Grundsatz 2:
Lernen braucht Zeit – „ein Jahr lang“

Haben Sie schon einmal einen der folgenden Sätze aus dem Mund einer Frau gehört?

- „Wenn er mich wirklich lieben würde, dann würde er selbst darauf kommen.“
- „Wie kann er sagen, dass er mich liebt, und sich immer wieder so rücksichtslos verhalten?“
- „Wenn ich ihm erst sagen muss, was ich will, dann zählt das nicht!“

Betrachten Sie einmal den riesigen Kontrast zwischen der Haltung, die diesen Äußerungen zugrunde liegt, und dem Vorschlag der Bibel, dass ein Mann ein ganzes Jahr intensiver Bemühung braucht, damit er lernt, seine Frau glücklich zu machen. Ein ganzes Jahr!

Die Veränderungen, die ein Paar vornehmen muss (vor allem diejenigen, die für den Mann anstehen), können weniger schmerzhaft sein, wenn sie im ersten Jahr erfolgen. Aber auch dann geschehen sie nicht von heute auf morgen.

Lydia, eine Frau aus unserem Bekanntenkreis, war entsetzt, als sie merkte, wie anstrengend das erste Jahr ihrer Ehe war. Während der Freundschafts- und Verlobungszeit mit Andy hatte sich alles immer wie von selbst geregelt. Aber jetzt kam es ihr so vor, als würden sie durch einen Sumpf waten. Ihr Frust kam daher, dass sie auf die Situation nicht vorbereitet war. Sie hatte keine Ahnung, wie lange ihr Mann brauchen würde, um „von selbst draufzukommen“.

Wenn eine Frau sich bewusst macht, dass eine dauerhafte

Veränderung Zeit erfordert, wird sie frei davon, ihren Mann durch Nörgelei verändern zu wollen. Stattdessen stellt sie sich auf die Situation ein und würdigt die kleinen Fortschritte, die ihr Mann auf dem Weg, sie glücklich zu machen, unternimmt.

Sehen wir uns einmal die Fakten an: Die meisten Ehemänner sind ratlos, wenn es um das Verstehen von Frauen geht. Sie lieben ihre Frau und möchten sie glücklich sehen. Aber sie sind verunsichert darüber, wie sie dieser Liebe so Ausdruck verleihen können, dass sie ihre Frau damit wirklich erfreuen.

Sie fragen sich:

- Sollen wir uns auf einem langen Spaziergang unterhalten? Oder lieber nur kurz spazieren gehen und dabei still sein?
- Mag sie eine romantische Nacht im Bett mit Kerzenschein und sanfter Musik? Oder ist es ihr lieber, wenn ich den Abwasch erledige, damit sie nicht morgen früh damit anfangen muss?
- Soll ich ihr jede Woche einen Blumenstrauß schenken? Oder am Samstagmorgen Unkraut jäten?
- Freut sie sich, wenn ich ihr eine romantische Karte schicke? Oder einfach nur die Schmutzwäsche in den Korb tue?
- Soll ich zu Hause den Grill anwerfen? Oder lieber abends einen Tisch im Restaurant reservieren?
- Möchte sie die Urlaubsplanung ganz allein übernehmen? Oder soll ich sie mit einer Reise überraschen, für die sie gar nichts zu tun braucht?

Sehen wir uns den Abschnitt aus dem Alten Testament einmal genauer an. Die gute Nachricht, auf die uns dieser alte Bibeltext hinweist, ist: Ihr Mann kann tatsächlich lernen, das zu tun, was Ihnen Freude macht. Er muss kein Genie werden, wenn es um Frauen im Allgemeinen geht. Er soll aber durchaus der weltbeste Experte werden, wenn es darum geht, Sie glücklich zu machen. Doch um dahin zu gelangen, braucht er Ihre Hilfe.

Grundsatz 3: Positives Feedback – „seine Frau glücklich machen"

Bobbie hat eine Freundin, die Grundschullehrerin ist. Diese erzählte uns die Geschichte von Tommy, dem Jungen mit dem ungepflegten Haar. Tag für Tag kam Tommy zur Schule mit einer Frisur, die man als „Bettfrisur im Endstadium" beschreiben könnte. *Was denkt sich seine Mutter bloß dabei?*, fragte sich die Lehrerin.

Eines Tages kündigte sie der Klasse an: „Morgen kommt der Fotograf." Sie schrieb einen entsprechenden Brief an alle Eltern und gab ihn den Kindern mit. Zu ihrem Erstaunen erschien Tommy am nächsten Tag mit perfekt gekämmtem Haar im Klassenzimmer. Da erkannte sie ihre große Chance. Bevor der Unterricht begann, kam Tommy zu ihr ans Lehrerpult, und sie sprach ganz leise mit ihm, sodass niemand es hören konnte. „Donnerwetter, Tommy, du solltest dir Turnschuhe anziehen, damit du besser wegrennen kannst", flüsterte sie und zwinkerte ihm dabei zu. „Deine Frisur sieht so gut aus, dass die Mädchen dich den ganzen Tag verfolgen werden!"

Den Rest des Schuljahres musste sie nie wieder etwas über Tommys Haare sagen. Es war nicht mehr nötig.

Erwachsene Männer sind ganz ähnlich gepolt wie der kleine Tommy – sie reagieren auf das positive Feedback, das sie auf ihre Aktionen erhalten. Mit nichts kann eine Frau ihren Mann besser motivieren, als ihn wissen zu lassen, dass er mit seinen Worten und Taten etwas Gutes bewirkt hat.

Der Psychologe Neil Clark Warren hat diesen Vorgang meiner Meinung nach sehr gut beschrieben: „Wenn ich mit einer anderen Person zusammen bin, dann ist meine Liebe zu ihr fest verbunden mit meiner Liebe zu mir selbst. Die stärkste Motivation in meinem Leben besteht meiner Überzeugung nach darin, dass ich mich gut fühle. Folglich liebe ich einen Menschen dann am meisten, wenn dieser mir hilft, mich gut zu fühlen."[7]

Wenn eine Frau sagt: „Das mag ich!" oder „Das bedeutet mir viel", fühlt ihr Mann sich gestärkt und motiviert und wird das, womit er gerade ihre Anerkennung erreicht hat, gerne wiederholen. Wenn ein Mann aber den Eindruck hat, dass er seine Frau nie zufriedenstellen kann, dann gibt er bald jeden Versuch auf und investiert seine Kraft in andere Bereiche – zum Beispiel in seinen Beruf –, wo er viel leichter Erfolge erzielen kann.

Soll das etwa heißen, dass Sie Ihrem Mann Ihr Glücklichsein vortäuschen sollen, nur damit er sich gut fühlt? Auf keinen Fall. Ich will damit nur sagen: Eines der größten Geschenke, die Sie Ihrem Mann machen können, ist es, positiv auf das zu reagieren, was er tut, um Sie glücklich zu machen. Er muss wissen, dass Sie es bemerkt haben.

Die richtigen Vorkehrungen treffen

Im Jahr 1845 brach der Polarforscher Sir John Franklin mit 129 Männern von England auf, um eine Nordwest-Passage zum Pazifik zu finden. Die Reise führte sie durch das kanadische Polarmeer.

Das Schiff war mit allem Komfort bestens ausgerüstet: eine Bibliothek mit 1.200 Bänden, ein Leierkasten, der 50 verschiedene Melodien spielen konnte, feinstes Porzellan und silberne Gedecke mit Monogramm, handgeschnitzte Backgammon-Spielbretter.

Doch keiner aus der Mannschaft konnte später seine Geschichte erzählen, denn niemand überlebte. Jahrelang wusste man nicht, was mit den Reisenden geschehen war, bis eine Expedition schließlich auf ihre gefrorenen Überreste stieß. Zuerst wurde das Schiff gefunden – es steckte fest im Eis der arktischen Gewässer im Norden Kanadas. Anscheinend waren die Motoren den extrem kalten Temperaturen nicht gewachsen gewesen. Und obwohl das Schiff einen zusätzlichen kohlebetriebenen Motor besaß, reichte nach Aussagen des Logbuchs der Vorrat an Kohle nur für zwölf Tage. Schließlich war die Mannschaft gezwungen, die Reise zu Fuß fortzusetzen.

Jahre später fanden Forscher die sterblichen Überreste der Männer. Sie waren in ihren Zelten oder unter dem Rumpf des einzigen Rettungsbootes erfroren, das sie mehr als hundert Meilen über das Eis gezerrt hatten. Doch was die Forscher am meisten überraschte, waren nicht die Leichen. Als sie die Vermissten näher untersuchten, entdeckten sie an ihnen Messingknöpfe und Seidenschals. Diese Männer waren für eine elegante Erscheinung besser ausgerüstet als fürs Überleben.

Sir John Franklin und seine Crew stürzten sich voller Begeisterung in ihr Abenteuer. Sie waren höchst engagiert. Sie hatten einen Plan und steckten voller Leidenschaft. Sie versorgten sich sogar mit einem Überfluss an Luxusgütern, um sich die Reise angenehmer zu machen. Aber sie waren nicht wirklich vorbereitet.

Wenn es darum geht, eine gute Ehe aufzubauen, reichen Einsatz und Begeisterung nicht aus. Wir müssen uns auf den Winter vorbereiten, denn der wird mit Sicherheit kommen. Werden Sie auf Ihrer Reise in die Ehe genügend Kohle für den Ersatzmotor dabeihaben? Oder richten Sie Ihre Aufmerksamkeit vor allem auf das Getöse der Hochzeitsfeier und auf luxuriösen Plunder, der Ihnen verspricht, das Leben angenehmer zu machen? Die aufwendigsten und unvergesslichsten Hochzeiten der Welt sind nichts als wertlose Dekorationen, wenn das Paar sich nicht gut auf das Kommende vorbereitet hat.

Bevor Sie nun umblättern: Wie wäre es, wenn Sie sich dafür entscheiden, die richtigen Vorkehrungen zu treffen? Dann wird das kommende Jahr das wichtigste in Ihrem Leben werden.

Tipp Nr. 1:

Am Anfang einer Ehe lassen sich Veränderungen mit relativ geringem Aufwand herbeiführen. Achten Sie deshalb darauf, die Weichen in Ihrer Ehe gleich richtig zu stellen. Jetzt anzusprechen, was einem in der Beziehung fehlt oder einen verletzt, ist viel einfacher, als später festgefahrene Verhaltensmuster ändern zu wollen.

2. Meine Bedürfnisse:

Das Unmögliche zu träumen wagen

Wenn Sie sich gegenseitig helfen, wird das mehr für die Kraft und Leidenschaft Ihrer Ehe bewirken als ein zweiwöchiger Urlaub auf den Bahamas.

John Gottman,
Die sieben Geheimnisse der glücklichen Ehe

Stellen Sie sich einmal folgende Szene vor:

Es ist Samstag, und Sie haben den ganzen Tag gearbeitet, während Ihr Mann frei hatte. Nun ist es sieben Uhr abends, als Sie sich endlich zur Haustür hereinschleppen. Doch kaum haben Sie die Wohnung betreten, merken Sie, dass etwas anders ist als sonst. Es liegen keine Zeitungen herum. Die Küche ist tadellos aufgeräumt.

Im Esszimmer flackern Kerzen. Und irgendetwas duftet ganz verführerisch. Während im Hintergrund Ihre Lieblingsmusik gedämpft erklingt, rufen Sie: „Hallo, Schatz! Was ist los? Bekommen wir heute Abend Besuch?"

Ihr Mann kommt im Smoking um die Ecke und sagt mit einer tiefen Verbeugung: „Willkommen, Ma'am. Tatsächlich erwarten wir heute Abend eine sehr wichtige

Persönlichkeit – und sie ist gerade eingetroffen. Während wir Ihrem Dinner den letzten Schliff geben, machen Sie es sich doch bitte in unserem Salon gemütlich."

Sie heben skeptisch die Augenbrauen, und dieser Mann – Ihr Mann – führt Sie zu einem bequemen Sessel, neben dem er Ihr Lieblingsgetränk platziert hat und die Zeitschrift, die Sie bisher aus Zeitmangel noch nicht gelesen haben.

Sie müssen sich selbst in den Arm kneifen, um sicherzugehen, dass Sie nicht träumen …

Mark und ich haben vielen Gruppen von Ehepaaren diese Szene erzählt, und wir wissen genau, was darauf folgt: Man verdreht die Augen, kichert und gibt Kommentare ab wie: „Jaaa, klar!" oder „Ach, kommen Sie, seien Sie doch realistisch!" oder „So etwas gibt's doch nur im Traum!"

Doch bevor Sie dieses Buch in die Fantasy-Abteilung Ihrer Bibliothek verbannen, möchte ich Sie bitten, eines zu überlegen: Wenn Sie die Ehe haben möchten, von der Sie immer geträumt haben – könnte es vielleicht sein, dass es dann nicht nur möglich ist, sondern sogar notwendig, auf diese ausgefallene und kreative Weise von Ihrem Mann verwöhnt zu werden – nämlich auf genau die Art, wie es Ihnen gefällt?

Und da habe ich eine gute Nachricht für Sie: Es gibt tatsächlich Frauen, die diesen Traum immer wieder erleben – natürlich nicht jeden Abend, vielleicht auch nicht einmal im Monat, aber häufig genug, um verwundert den Kopf zu schütteln und über Gottes Güte zu staunen, der ihr diesen Mann geschenkt hat. Und das hat beileibe nichts mit Glück zu tun. Wenn Paare so miteinander umgehen, ist das kein Zufall. Es kommt nur bei Paaren vor, die bewusst Freude daran finden, die Bedürfnisse des anderen auf ausgefallene und überraschende Weise zu erfüllen.

Verhelfen Sie Ihrem Mann zum Erfolg!

Wie kann es geschehen, dass Ihr Mann auf diese Weise mit Ihnen umgeht? Erinnern wir uns: In einer guten Ehe findet der Mann große Freude daran, seine Frau glücklich zu machen. Es gehört daher zum Wichtigsten, was Sie im ersten Jahr Ihrer Ehe tun können, Ihrem Mann genau dabei zu helfen. Wenn seine Bemühungen zum Erfolg führen sollen, müssen Sie drei Fähigkeiten erlernen:

1. Erkennen Sie Ihre eigenen Bedürfnisse so gut, dass Sie wissen, wie Ihr Mann Sie glücklich machen kann.
2. Bringen Sie diese Bedürfnisse Ihrem Mann gegenüber klar, konkret und mit einer gewinnenden Art zum Ausdruck.
3. Verwöhnen Sie Ihren Mann auf genauso kreative Weise, wie Sie selbst es von ihm erhoffen.

1. Die eigenen Bedürfnisse kennen: Warum die meisten Ehefrauen nicht in den Genuss kommen

Es ist noch nicht lange her, da berieten Mark und ich ein junges Paar, das sich auf die Hochzeit vorbereitete. Die beiden waren außergewöhnlich. Sie waren fest entschlossen, in der Ehe regelmäßig zusammen die Bibel aufzuschlagen und zu beten. Sie wollten gemeinsam Ehebücher lesen und sogar einmal in der Woche eine Besprechung über finanzielle Fragen abhalten, um möglichen Konflikten zum Thema Geld vorzubeugen. Diese beiden Menschen waren unglaublich motiviert, eine gute Ehe aufzubauen.

Beim letzten Treffen jedoch erkannten wir ein Verhaltensmuster, das möglicherweise die eheliche Freude der beiden erheblich gefährden konnte. Wir unterhielten uns gerade über das Thema „gelungene sexuelle Beziehung in der Ehe". Offensichtlich waren der jungen Braut meine offenen Worte etwas peinlich, und so unterbrach sie mich bereits nach dreißig Sekunden mit dem Satz: „Ich habe beschlossen, in diesem Bereich alles John zu überlassen [ihrem Verlobten]. Das ist seine Angelegenheit."

Ich antwortete ihr sehr betont: „Nein, Maria. Ich glaube, das ist Ihre Angelegenheit."

Die junge Braut war verwundert. Sie kniff die Augen zusammen und fragte: „Was meinen Sie damit?"

Ich erklärte ihr, dass nur eine geringe Anzahl der Frauen, mit denen ich mich unterhalten hatte, mit der sexuellen Seite ihrer Ehe wirklich zufrieden war. Nur wenige Männer, so fuhr ich fort, finden von selbst heraus, was ihre Frau befriedigt, es sei denn, ihre Frau bringt es ihnen bei. Frauen, die Sex als „Angelegenheit des Mannes" betrachten, empfinden die intime Begegnung am Ende nur noch als Pflicht, die sie ihm zuliebe erfüllen. Es ist für sie kein spielerisches, zutiefst erfüllendes Erlebnis, das sie selbst genauso genießen wie ihr Mann – oder sogar mehr als er.

Schließlich entwickeln sich diese Frauen, die Sex als Aufgabe des Mannes sehen, zu Expertinnen für „Vermeidungsstrategien". An einem Abend sind es Kopfschmerzen, an einem anderen ein später Termin in der Gemeinde, an wieder einem anderen Abend räumen sie ganz „selbstlos" die Wohnung auf, bis ihr Mann eingeschlafen ist.

Nun hatte ich die Aufmerksamkeit der jungen Braut geweckt. „Das ist natürlich nicht das, was ich will!", sagte sie. „Aber was meinen Sie denn damit, dass es meine Angelegenheit ist?"

Mark antwortete: „Nicht nur im sexuellen Bereich sind Ihre Bedürfnisse Ihre Angelegenheit. Aber gerade hier haben viele Frauen keine Ahnung, was sie brauchen. Und wenn Sie selbst Ihre Bedürfnisse nicht kennen, ist es ziemlich unwahrscheinlich, dass Ihr Mann ganz zufällig darauf kommt, wie er sie erfüllen kann. Wenn eine Frau von ihrem Mann erwartet, dass er ihre Vorlieben besser kennt als sie selbst – egal ob es um Sex geht oder um die Zubereitung eines Sandwiches – dann ist der Frust vorprogrammiert."

Ich ergänzte: „Es liegt in Ihrer Verantwortung, sich selbst im kommenden Jahr so gut kennenzulernen, dass Sie zur Expertin dafür werden, wie Ihr Mann Sie sexuell befriedigen kann. Auch wenn Ihnen das jetzt seltsam vorkommt – es ist Ihre Angelegenheit."

Tatsächlich ist es häufig so: Unsere eigenen Bedürfnisse zu kennen, liegt uns nicht. Viele von uns sind mit der unterschwelligen Botschaft aufgewachsen, dass wir gefälligst keine eigenen Bedürfnisse haben sollen. Wir haben es klar und deutlich vernommen: „Arbeite härter. Diene mehr. Dreh dich nicht um dich selbst." Auf den ersten Blick mag es uns normal und selbstlos vorkommen, unsere Bedürfnisse zu leugnen, doch in Wirklichkeit ist es anders: Wenn wir so leben, hindern wir unseren Mann daran, genau das zu tun, wonach wir uns sehnen, nämlich uns zu lieben und zu verwöhnen.

2. Um das bitten, was ich brauche: Warum die meisten Ehemänner ahnungslos sind

Vor einiger Zeit erzählte meine Freundin Kate ihrem Mann Billy von einer Überraschungsparty, die jemand aus dem Freundeskreis für seine Frau veranstaltet hatte. Kate schwärmte davon, wie sehr die Freundin sich darüber gefreut hatte und was für eine tolle Idee das gewesen war. Begeistert berichtete sie Billy, dass ihre Freundin sich von ihrem Mann dadurch besonders geschätzt gefühlt hatte, denn er hatte sich ja so viel Mühe gegeben.

Ein paar Monate später wurde Kate dreißig. Billy lud sie zu einem teuren Abendessen ein und überreichte ihr ein wunderschönes Geschenk. Danach verbrachten die beiden zu Hause einen ruhigen Abend. Doch als sie schlafen gingen, merkte Billy, dass irgendetwas nicht stimmte.

Er fragte: „Alles in Ordnung? Du siehst ein bisschen niedergeschlagen aus."

Schließlich gab sie zu: „Ich dachte, du würdest dieses Jahr eine Überraschungsparty für mich organisieren!"

Billy fragte (mit der typisch männlichen Einfühlsamkeit): „Wenn du eine Überraschungsparty wolltest, warum hast du mich dann nicht darum gebeten?"

„Das habe ich doch!", gab Kate zurück.

Was hatte Billy falsch gemacht? Er dachte, seine Frau hätte über die Party ihrer Freundin gesprochen, als sie über die Party ihrer Freundin sprach. Sie und ich wissen aber, dass sie eigentlich von dem redete, was sie sich von ihrem Mann wünschte. Kate hatte den typischen Fehler vieler Ehefrauen begangen: Sie hatte vergessen, dass Billy ein Mann ist.

Ich liebe meinen Mann. Er ist wunderbar. Er hält Seminare ab, berät Paare und schreibt Bücher über die Ehe. Aber manchmal kapiert er es einfach nicht. Und wenn ich nicht mit den Jahren gelernt hätte, ihm klar zu sagen, was ich von ihm brauche, würde er sich immer noch ratlos am Kopf kratzen und versuchen, mich zu verstehen.

Wenn wir Paare, die sich in einer Krise befinden, nach dem fragen, was sie in ihrer Ehe gern verändern würden, spulen sie oft lange Listen ab mit Kritik am Verhalten ihres Partners. Doch mit diesen negativen Reaktionen bekommen die zwei Menschen nicht das voneinander, wonach sie sich zutiefst sehnen. Wenn wir von verallgemeinernden Kritikpunkten wegkommen und lernen, unsere Bedürfnisse konkret auszusprechen, kann das unsere Ehe komplett verändern.

Eine Frau sagt zum Beispiel zu ihrem Mann: „Ich will, dass du weniger egoistisch bist." Normalerweise reagiert der Mann darauf, indem er all die selbstlosen Dinge aufzählt, die er so tut: „Ich mähe den Rasen. Ich bin nett zu deiner Mutter. Ich zahle alle Rechnungen." Doch seiner Frau geht es in Wirklichkeit um etwas ganz Konkretes: Ihr Mann macht abends oft Termine, von denen er ihr nichts erzählt. Sie kocht etwas Leckeres zu essen, und er isst es nicht oder weiß es nicht zu schätzen.

Wenn Sie an Ihrem Mann herumnörgeln, dann meistens deshalb, weil Sie gerne etwas von ihm hätten, das Sie nicht bekommen. Das ist in der Regel ein Zeichen dafür, dass Sie Ihr Bedürfnis nicht klar genug zum Ausdruck gebracht haben.

Kennen Sie die Geschichte von Aladin und seiner Wunderlampe? Stellen Sie sich vor, der Geist bittet Sie, den ersten Wunsch zu äußern.

Sie antworten: „Ich hätte gern mehr Geld."

Er fordert Sie auf, in Ihre Tasche zu greifen. Sie finden

darin eine 50-Cent-Münze, während der Geist sagt: „Und wie lautet der nächste Wunsch?"

Sie denken natürlich: *Das ist nicht das, was ich wollte!*

Ihr Mann ist kein Geist, doch genau wie dieser gibt er Ihnen genau das, worum Sie ihn gebeten haben. Und später erfährt er dann, dass Sie es ganz anders gemeint haben. Schauen wir uns einmal den Unterschied zwischen den beiden folgenden Bitten an, die sich um genau dasselbe Bedürfnis drehen:

- „Du berührst mich gar nicht mehr."
- „Kannst du mir heute Abend fünf Minuten den Rücken massieren?"

Die erste Bitte wird Ihr Mann als Kritik auffassen und meinen, Sie würden von Sex reden. Mit der zweiten Bitte bekommen Sie Ihre Rückenmassage, und Ihr Mann hat das Gefühl, dass er seine Liebe zu Ihnen erfolgreich zum Ausdruck bringen konnte.

In unseren Gesprächen mit Ehemännern bekommen wir fast einstimmig zu hören: „Wenn ich doch nur wüsste, was sie will, dann würde ich es tun. Aber anscheinend kann ich ihr nichts recht machen."

Soll das nun heißen, dass Ihr Mann immer Ja sagen wird, wenn Sie ihn direkt um etwas bitten? Natürlich nicht. Aber wenn eine Frau ihre Bedürfnisse konkret äußert, ist die Wahrscheinlichkeit, sie erfüllt zu bekommen, immer viel größer, als wenn sie sie verschweigt. Wayne Gretzky, einer der besten Eishockeyspieler aller Zeiten, hat einmal gesagt: „Wenn man nicht schießt, trifft man nie das Tor."

Und noch ein Tipp: Sie sollten Ihre Bedürfnisse gegenüber Ihrem Mann nicht nur konkret und deutlich äußern, sondern auch auf eine gewinnende Art. Dann wird er viel positiver darauf reagieren. Eine klare und konkrete Bitte kann durch einen verbitterten und zornigen Geist ins Negative verkehrt werden.

3. Verwöhnen Sie Ihren Mann: Er ist nicht besonders anspruchsvoll

Sie wünschen sich eine Ehe, in der Sie und Ihr Mann sich gegenseitig auf ausgefallene und kreative Weise verwöhnen? Dann sollten Sie die Bedürfnisse Ihres Mannes kennenlernen und diese mit derselben spielerischen Zielstrebigkeit erfüllen, wie Sie es umgekehrt auch von ihm erhoffen. Ohne diesen Schritt wirken die Bitten, die Sie an Ihren Mann richten, für ihn leicht als Forderungen und unrealistische Erwartungen.

Wie können Sie in Erfahrung bringen, was Ihr Mann sich am meisten von Ihnen wünscht? Man könnte vermuten, der einfachste Weg sei, ihn zu fragen. Das kann zumindest nicht schaden. Aber wenn Sie auf Ihre Frage keine klare, konkrete Antwort bekommen, seien Sie nicht überrascht! Der Ehetherapeut Willard Harley hat mir mit seinem Buch *Meine Wünsche – deine Wünsche* regelrecht die Augen geöffnet. Er schreibt dort, dass ein Mann und eine Frau die Liebe zueinander am wirksamsten zum Ausdruck bringen können, indem sie sich ihre Bedürfnisse gegenseitig erfüllen. Nachdem er Hunderte von Paaren beraten hatte, kam er zu folgender Theorie: Männer und Frauen haben jeweils fünf sehr unterschiedliche primäre Bedürfnisse. Die folgenden fünf sind seiner Ansicht nach die Ihres Mannes:[8]

1. sexuelle Erfüllung
2. freie Zeit gemeinsam verbringen
3. eine attraktive Partnerin
4. eine angenehme häusliche Umgebung
5. Bewunderung

Damit soll nicht gesagt sein, dass alle Männer diese Bedürfnisse haben oder haben sollten. Diese Liste soll vielmehr der Ausgangspunkt für Sie sein, wenn Sie sich auf den Weg machen, die Bedürfnisse Ihres Mannes zu entdecken. Gehen Sie doch einfach mit dieser Liste zu ihm und stellen Sie fest, ob er dem zustimmt. Wenn nicht, sollten Sie auf jeden Fall irgendwie herausfinden, welche Bedürfnisse er tatsächlich hat.

Vielleicht können Sie ihn mit ein paar konkreten Fragen ausforschen wie zum Beispiel:

- „Womit könnte ich dir heute zeigen, dass ich dich liebe?“
- „Wenn du genau wüsstest, dass ich Ja sage: Worum würdest du mich dann bitten?“
- „Wie stellst du dir den perfekten Abend zu Hause vor? Beschreibe ihn mir so genau wie möglich.“

Und dann wird es interessant: Egal, worum Ihr Mann gebeten hat, überraschen Sie ihn damit, dass Sie es irgendwann in der darauffolgenden Woche in die Tat umsetzen. Und geben Sie noch ein extra Sahnehäubchen obendrauf. Wenn er sich ein Steak und Kartoffelpüree gewünscht hat, dann bereiten Sie ihm auch noch sein Lieblingsdessert zu. Wenn er Sie gebeten hat, häufiger zum Sex bereit zu sein, dann nehmen Sie sich vor, ab und zu eine intime Begegnung zu arrangieren.

Eines ist jedoch seltsam: Wenn man Frauen nach ihrem Mann fragt, würden die meisten sagen, dass sie ihn mehr lieben als ihr Leben. Doch dieselben Frauen empfinden es als große Zumutung, ihrem Mann ihre Liebe durch kleine Gesten zu zeigen, mit denen sie seine Bedürfnisse erfüllen: glücklich mit ihm zu sein, ihn an der Tür begeistert zu begrüßen oder mit ihm zu flirten.

Und wenn einer dieser Ehemänner es jemals wagt zuzugeben, dass er sich von seiner Frau nicht besonders geliebt fühlt, dann weist sie ihn sofort auf all das hin, was sie tut, um ihm ihre Liebe zu zeigen:

- „Habe ich mich nicht um das Haus gekümmert, deine Wäsche gewaschen und den Hund gefüttert?"
- „Habe ich dir nicht dieses tolle T-Shirt gekauft?"
- „Bete ich denn nicht jeden Tag für dich?"

Sicherlich ist es nicht falsch für eine Frau, all diese Dinge für ihren Mann zu tun. Das Problem besteht nur darin, dass sie meint: *Wenn ich das tue, wovon ich denke, dass es seine Bedürfnisse erfüllt, dann habe ich seine Bedürfnisse tatsächlich erfüllt.* Die Frau verbringt ihre Zeit ganz „selbstlos" mit dem, was sie gern für ihren Mann tun möchte, und beachtet das, was ihrem Mann wirklich wichtig ist, überhaupt nicht. Ein solches Verhalten sollte man nicht mit Liebe verwechseln. Unsere Aufgabe besteht darin, uns gegenseitig im Erweis unserer Liebe zu übertreffen (siehe Römer 12,10).

Die Ja-Spirale

In der Eheberatung nennen wir diesen Prozess, bei dem wir uns unsere Bedürfnisse gegenseitig erfüllen, die „Ja-Spirale". Je mehr ein Paar bereit ist, sich in diese Aufwärtsspirale zu begeben, die nach oben immer weiter wird, umso größer ist die Wahrscheinlichkeit, dass die beiden die Art von Ehe erleben, von der sie immer geträumt haben. Wir nennen das die Ja-Spirale, weil alles mit unserer Bereitschaft anfängt, die Bedürfnisse unseres Partners zu erfüllen, auf seine Bitte mit Ja zu antworten – egal, ob diese Bitte ausgesprochen oder unausgesprochen ist.

Sehen wir uns doch einmal an, wie die Spirale sich weitet, wenn ein Mann und eine Frau lernen, mit einem klaren gegenseitigen Ja aufeinander zuzugehen. An einem ganz gewöhnlichen Tag kann die Spirale beginnen, nämlich in dem Augenblick, in dem Sie von der Arbeit nach Hause kommen:

Sie (rufen beim Betreten der Wohnung): „Hallo Schatz, ich bin da." Keine Antwort von Ihrem Mann. „Wie wär's mit einer Willkommensparade für die Prinzessin dieses Schlosses?"

Ihr Mann: „Tut mir leid. Ich war gerade so in meinen Bericht vertieft, den ich unbedingt noch fertig bekommen muss." Er umarmt Sie und schaut Ihnen in die Augen. „Ich muss dich um einen riesigen Gefallen bitten. Ich tue das nicht gern, denn du bist gerade erst nach Hause gekommen; aber ich möchte dich bitten, noch einmal loszufahren. Ich war gerade dabei, den Bericht auszudrucken, den ich heute Abend abgeben muss, und da habe ich gemerkt, dass ich noch ein paar Sachen aus dem Schreibwarengeschäft brauche. Könntest du vielleicht schnell hinfahren und sie mir besorgen?"

Sie: „Klar. Was brauchst du denn?"

Ihr Mann: „Du bist die Beste, mein Liebling. Hier ist die Liste."

Sie: „Falls du das noch schaffst: Könntest du bitte, während ich unterwegs bin, deine Eltern anrufen und sie fragen, wann wir dieses Paket abholen sollen? Ich habe sie heute noch nicht erreichen können."

Ihr Mann: „Kein Problem." Sie drehen sich um und wollen los, doch er hält Sie auf. „Weißt du was, du bist einfach klasse."

Sie: „Na, komm schon her."

Sie schließen ihn in Ihre Arme.

Ihr Mann: „Hey, Prinzessin, wenn du schnell wieder zurück bist, könnte es sein, dass ich dich heute Abend noch zum Essen einlade." Während Sie die Wohnung verlassen, schüttelt er nur den Kopf, lächelt und murmelt vor sich hin: „Ich kann's einfach nicht glauben!"

Eine ganz schlichte Unterhaltung, fast ein bisschen albern. Aber haben Sie bemerkt, wie oft Sie und Ihr Mann bei diesem kleinen Wortwechsel *Ja* zueinander gesagt haben?

1. Er hat *Ja* gesagt, als Sie ihn um eine herzliche Begrüßung baten, obwohl er mit seinem Projekt beschäftigt war.
2. Sie haben *Ja* gesagt, als er Sie um eine ungeplante Fahrt zu einem Geschäft gebeten hat, und das, obwohl Sie ganz bestimmt nicht noch einmal ins Auto steigen wollten.

3. Er hat *Ja* gesagt zu Ihrer Bitte, seine Eltern wegen des Pakets anzurufen.
4. Sie haben beide *Ja* zueinander gesagt, um sich gegenseitig das Bedürfnis nach Wertschätzung und Anerkennung zu erfüllen.

Mit jedem Ja – mit Worten, Taten oder der inneren Haltung – öffnet sich die Spirale, und Sie beide fühlen sich zusammen freier, werden immer mehr bereit, einander zu dienen und sich gegenseitig Ihre Bedürfnisse auf kreative Art zu erfüllen.

Doch wenn die positiven Reaktionen durch negative ersetzt werden, wird die Spirale immer enger. Sie fühlen sich beide gefangen, sind immer weniger bereit, einander zu dienen, und kommen sich vor, als seien Sie mit einem Stachelschwein in einem Raum eingesperrt. Wenn die Unterhaltung anders verläuft und eine sich verengende Spirale erzeugt, dann sieht das so aus:

Sie (rufen beim Betreten der Wohnung): „Hallo Schatz, ich bin da." Keine Antwort von Ihrem Mann. „Wie wär's mit einer Willkommensparade für die Prinzessin dieses Schlosses?"

Ihr Mann (brüllt aus seinem Arbeitszimmer zurück): „Tut mir leid. Ich versuche gerade, diesen Bericht heute Abend fertig zu bekommen. Hör mal: Ich tue das nicht gern, denn du bist gerade erst nach Hause gekommen; aber ich muss dich bitten, noch einmal loszufahren. Ich brauche unbedingt noch ein paar Sachen aus dem Schreibwarengeschäft, damit ich diesen Bericht fertig kriege und ihn abgeben kann. Kannst du vielleicht hinfahren und mir die Sachen besorgen?"

Sie: „Du hast doch den ganzen Tag Zeit gehabt. Dreimal

bist du schon unterwegs gewesen. Warum hast du nicht gleich das mitgebracht, was du brauchst?"

Ihr Mann: „Ich habe erst jetzt, als ich in meinem Bericht an diese Stelle kam, gemerkt, dass mir was fehlt. Weißt du, ich habe auch noch andere Sachen im Kopf. Hier ist die Liste."

Sie (geben ihm die Liste zurück): „Du musst dich schon selber darum kümmern. Ich fahre jedenfalls nicht schon wieder los. Nicht nach dem langen Tag! Wo ist die Post? Sind irgendwelche Mails für mich gekommen? Hast du deine Eltern angerufen und gefragt, wann wir das Paket abholen sollen?"

Ihr Mann: „Ich kann mich genau erinnern, dass du das tun wolltest. Ich kann nicht alles machen! Ich hab ja schließlich auch einen Job, weißt du!"

Sie: „Na schön! Ist mir doch egal, ob wir das Paket bekommen oder nicht."

Ihr Mann (zischt): „Hast du das etwa in deinem Ehekurs in der Gemeinde gelernt?"

Sie: „Das war eine fiese Bemerkung, und das weißt du genau."

Ihr Mann (steht auf): „Ich muss jetzt leider los und die Sachen kaufen. Warte nicht mit dem Essen auf mich. Wenn ich jetzt noch mal wegfahre, dann muss ich heute Abend halt durcharbeiten, damit ich den Bericht rechtzeitig abgeben kann." Er rauscht davon, vor Wut schäumend: „Ich kann's einfach nicht glauben."

Haben Sie bemerkt, wie schnell es ging, dass die beiden immer weniger bereit waren, Ja zueinander zu sagen? Wenn die Abwärtsspirale erst einmal begonnen hat, braucht man immer mehr Kraft, um gegen den negativen Trend anzukämpfen.

Überlegen wir einmal kurz, wie viel Energie in diesen beiden Unterhaltungen aufgebracht werden musste. Die erste fühlt sich im Vergleich zu der zweiten wie ein romantischer Spaziergang an, oder? Dennoch erforderte das erste Gespräch eine ehrliche Bereitschaft, die Bedürfnisse des anderen zu erfüllen, auch wenn einem das gegen den Strich geht und nicht gerade bequem ist.

Manchmal werde ich gefragt: „Was ist denn, wenn mir einfach nicht danach ist, das zu tun, was mein Mann von mir braucht? Sie wollen mir doch wohl nicht sagen, dass ich es trotzdem tun soll, obwohl ich nicht mit ganzem Herzen bei der Sache bin, oder?"

Doch, genau das will ich Ihnen sagen!

Ein gutes Beispiel dafür finden Sie in dem ersten der beiden Gespräche. Im zweiten Gespräch sagten und taten die beiden einfach nur das, wonach ihnen gerade war. Liebe bedeutet nicht, dass wir immer Lust haben, unsere Liebe zu zeigen; Liebe bedeutet, dass wir uns entscheiden, Liebe zu üben – auch wenn unsere Gefühle uns etwas anderes sagen.

Nehmen wir an, eine Mutter würde warten, bis sie wirklich Lust hat, ihrem Baby die Windeln zu wechseln. Das Kind müsste dann lange in seinem eigenen Schmutz liegen, bevor der Mutter endlich „danach ist". Vielleicht ist sie nicht mit ganzem Herzen bei der Sache, vermutlich hat sie keine große Lust, aber sie wechselt die Windeln trotzdem. Warum? Weil sie ihr Kind liebt, auch wenn sie sich in dem Moment nicht unbedingt als Liebende fühlt.

Wenn wir uns entschließen, einander unsere Bedürfnisse zu erfüllen, dann geht es nicht darum, im richtigen Moment das Richtige zu sagen. Man muss auch nicht lernen, Gespräch Nummer eins perfekt nachzuahmen. Wichtig ist vielmehr unsere innere Einstellung, zu den Bedürfnissen unseres Mannes Ja zu sagen. Und da Sie mit Ihrem Mann tatsächlich „ein Leib“ sind, erfüllen Sie auf geheimnisvolle Weise auch Ihre eigenen Bedürfnisse, indem Sie seine erfüllen.

Doch obwohl es wichtig ist, den Bedürfnissen des anderen entgegenzukommen, mag es Zeiten geben, in denen es uns einfach nicht möglich ist. Das ist in Ordnung. Im nächsten Kapitel habe ich ein paar gute Neuigkeiten für Sie.

Tipp Nr. 2:

Lernen Sie, Ihre Bedürfnisse klar auszusprechen, ohne zu fordern, und lernen Sie die Bedürfnisse Ihres Mannes kennen! Denken Sie an die Ja-Spirale: Alles fängt mit unserer Bereitschaft an, Ja zu unserem Partner zu sagen. Liebe bedeutet, dass wir uns entscheiden, Liebe zu üben – auch wenn unsere Gefühle uns etwas anderes sagen.

3. Geistliche Gemeinschaft:

Mehr als das Auge sehen kann

So wie der Mann im Schöpfungsbericht auf sich allein gestellt unvollständig war, sind auch beide zusammen, Mann und Frau, aus der Sicht Gottes letztendlich unvollständig. Jedes menschliche Paar braucht einen kritischen dritten Partner, und dieser dritte Faktor ist Gott selbst.

Dean Borgman,
When Kumbaya Is Not Enough

Wir kannten Ben und Franca schon recht gut, nachdem sie bei uns einen Ehevorbereitungskurs besucht hatten. Beide besaßen ein ziemlich feuriges Temperament, und sie hatten ihr Leben Gott anvertraut. Während unserer Gespräche wies Mark sie darauf hin, dass ihre intensive Art, das Leben anzugehen, zu schwierigen und sehr unbequemen Konflikten führen könnte. Allerdings sah es nicht so aus, als ob sie ihm das glaubten.

Als das erste Ehejahr vorüber war, wusste jeder von ihnen genau, womit er den anderen auf die Palme bringen konnte, und sie taten das mit hartnäckiger Regelmäßigkeit. Meistens schlummerte ihr Ärger unter der Oberfläche, doch manchmal kochte er über mit einer so zerstörerischen Gewalt, dass es ihnen beiden Angst machte.

Vor Kurzem aßen wir mit Franca und Ben zu Abend.

Franca lachte, schüttelte den Kopf und meinte: „Wir hätten uns in diesem ersten Jahr schon hundertmal scheiden lassen können."

Überrascht und neugierig hakte ich nach: „Und warum seid ihr trotzdem zusammengeblieben?"

In fröhlicher Einmütigkeit antworteten sie: „Gott!"

Wenn man die beiden fragen würde, was sie damit meinten, dann würden sie sicherlich etwa so antworten: Gott hatte nicht einfach eingegriffen, mit den Fingern geschnippt und dafür gesorgt, dass sie sich ab sofort besser verstanden. Was ihnen half, war vielmehr ihre gemeinsame Treue dem Gott gegenüber, den sie beide zutiefst liebten. Das gab ihnen den Mut, beieinanderzubleiben, sogar in Zeiten, in denen sie gestritten hatten und das Zusammenbleiben das Letzte war, was sie sich vorstellen konnten.

Der dritte Partner

Weil Ben und Franca sich vorgenommen hatten, Gott die Ehre zu geben, wollten sie sich nicht mit einem Leben abfinden, in dem man sich nur gegenseitig auf die Nerven geht. Sie fanden die Kraft, ihre Verhaltensmuster zu ändern, die sie gegeneinander aufbrachten und sie leicht hätten auseinandertreiben können. Die gute Nachricht ist also: Wenn Sie und Ihr Mann sich näher zu Gott hinbewegen, dann bewegen Sie sich automatisch auch aufeinander zu. Ich stelle das gerne so dar:

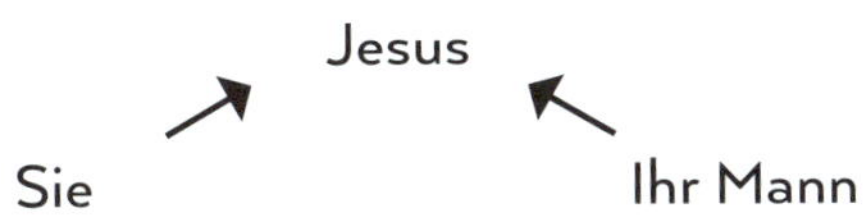

Vielleicht haben Sie schon einmal davon gehört, dass Männer eine intensive Beziehung am besten dann aufbauen können, indem sie sich auf etwas Drittes konzentrieren: ob es nun Fußball ist, Essen oder ein gemeinsamer Arbeitseinsatz auf einer Baustelle. Je größer dieses dritte Objekt ist, umso tiefer wird ihre Bindung. Manche Theologen bezeichnen dieses Phänomen als das „transzendente Dritte" – etwas, das außerhalb von zwei Menschen liegt und sie zusammenhält. Wenn ein Mann und eine Frau für eine Sportmannschaft schwärmen, dann schweißt dieses Interesse, das sie miteinander teilen, sie zwar zusammen. Allerdings wird ein solches gemeinsames Hobby allein kaum dazu beitragen, dass die beiden auch nur das kleinste Hindernis in ihrer Beziehung überwinden können. Sie brauchen etwas Größeres.

Für manche Paare sind die Kinder das „transzendente Dritte", das es ihnen ermöglicht, Ärger auslösende Verhaltensmuster zu überwinden. Doch wenn wir uns auf unsere Kinder als das höchste „transzendente Dritte" konzentrieren, täuscht uns das nur darüber hinweg, dass uns eine wahre geistliche Verbindung in unserer Ehe fehlt. Auch hier brauchen wir etwas Größeres.

Wenn ein Mann und eine Frau aber aktiv nach Gott suchen – sich auf den einen „transzendenten Dritten" zu bewegen –, dann strecken sie sich nach jemandem aus, der einen gewinnenden, wunderbaren Charakter hat; nach jemandem, der uns verändern kann und so unglaublich gütig ist, dass unsere Bindung an ihn sich auch auf unsere anderen Bindungen auswirkt und sie festigt. Gott ist groß genug.

Das geistliche Wachstum Ihres Mannes fördern

Daniel hatte eine Stimme so tief wie der Grand Canyon. Er war ein kräftig gebauter, energischer Typ. Während der ersten Ehejahre hatte er in den Kohleminen im Westen Kanadas gearbeitet. Und obwohl er als Junge viel mit seinem Vater, einem Pastor, unterwegs gewesen war, war Gott ihm nicht wichtig.

Dabei hatte Daniel nichts dagegen, dass seine Frau die Kinder mit zum Gottesdienst nahm. Sollte sie das doch gerne tun. Was konnte es schon schaden? *Immerhin*, so dachte er, *brauchen Kinder eine gute moralische Grundlage.*

Es lief alles rund, bis Jenny irgendwann mit den Kindern im Gottesdienst nicht mehr so richtig fertig wurde. Also kam sie nach Hause und sagte zu ihrem Mann: „Du musst in Zukunft mitkommen. Ich bekomme das mit den Kindern nicht mehr allein hin."

Man muss Daniel hoch anrechnen, dass er einverstanden war und von nun an mit zum Gottesdienst kam, um seine Kinder – alle im Grundschulalter – in Schach zu halten. Und dort begann sich sein Leben von Grund auf zu verändern.

Daniel hatte nicht damit gerechnet, dass er in der Kirche „echte Männer" antreffen würde; er hatte sich eher auf „Weicheier" eingestellt. Doch dann begegnete er ehrlichen, starken Typen, so wie er einer war. Und als ein Mann aus der Gemeinde ihn fragte, ob er nicht mit ihrer Gruppe zu einer Freizeit mitkommen wollte, da sagte Daniel ganz einfach: „Klar." Die Gruppe nannte sich übrigens *Promise Keepers* („Männer, die Wort halten").

Als Daniel von der Reise wieder zurückkam, veränderte sich, nach Jennys Worten, „einfach alles". Die Begegnung mit

Gott bewirkte etwas in Daniel, was Jenny nie erreicht hätte. Ihr Mann kam mit der Verpflichtung nach Hause, die geistliche Leiterschaft in seiner Familie zu übernehmen, und mit einer ganz neuen Liebe zu seiner Frau und seinen Kindern.

Nun könnte man meinen, Jenny hätte mit der Veränderung, die in ihrem Mann vorging, so gut wie nichts zu tun gehabt. Doch das glaube ich nicht im Geringsten. Jenny war es nämlich gelungen, in ihrer Ehe ein so gutes Klima zu schaffen, dass ihr Mann für geistliche Dinge empfänglich wurde. Und als er dann selbst Gott begegnete, veränderte ihn das von Grund auf.

Es ist nicht ungewöhnlich, dass eine Frau geistlich weiter ist als ihr Mann. Doch es kommt sehr auf den Lebensstil der Frau und auf eine ganz bestimmte innere Haltung an, mit der sie ihren Mann dazu ermutigt, aus der geistlichen Untätigkeit aufzubrechen und selbst Feuer zu fangen. Oft konnten wir mit Freude beobachten, wie ein Mann durch den sanften geistlichen Einfluss seiner Frau umworben und für Gott gewonnen wurde. Diese Frauen drängen ihren Mann nicht dazu, geistlich aktiver zu werden. Sie kritisieren ihn nicht, weil er ihnen nicht geistlich genug ist. Sie behaupten auch nicht, auf jede Frage die Antwort zu kennen. Und sie legen ihrem Mann keinen Hinterhalt, indem sie ihn von christlichen Freunden bearbeiten lassen und das Ganze als „Einladung zum Abendessen“ tarnen.

Nein, diese Frauen sind anders: Ihr Glaube ist abenteuerlustig und aufrichtig. Was ihr Mann so anziehend findet, ist diese Lebendigkeit, diese Liebe seiner Frau zu Gott, die jeden Bereich ihres Lebens mit einer tiefen Leidenschaft erfüllt. Sie ist geduldiger, verständnisvoller, angenehmer im Umgang – und sie hat gelernt, über sich selbst zu lachen.

Wenn ein Mann Widerstand gegen den Glauben hegt, dann hat er selten die Befürchtung, seine Frau werde zu klug und zu unabhängig, weil sie Jesus kennt. Seine Sorge besteht eher darin, seine Frau könnte zu langweilig, zu einseitig und zu trist werden. Wenn Ihr Mann sich also von Gott und der Gemeinde abgestoßen fühlt, finden Sie doch heraus, was ihn in diesem Bereich begeistern würde – und dann warten Sie ab, bis Ihre gewinnende Art, Ihren Glauben zu bezeugen, bei ihm Wirkung zeigt.

Respektieren Sie die Suche Ihres Mannes nach Gott

Vielleicht sind Sie als jemand aufgewachsen, der bei jeder Gelegenheit in der Kirche war. Aber selbst dann erinnern Sie sich möglicherweise an Zeiten, in denen Sie nicht so gern über geistliche Themen gesprochen haben: zum Beispiel, als jemand Sie zum Beten aufgefordert oder Ihnen im Kindergottesdienst eine „einfache" Frage gestellt hat, die Sie vor allen anderen beantworten mussten (was Ihnen äußerst peinlich war). Vielleicht empfindet Ihr Mann ja auch eine solche „geistliche Unsicherheit", wenn er vor anderen über seinen Glauben sprechen soll – vielleicht sogar mehr als Sie damals.

Denken Sie daran: Geistliche Einheit ist nicht gleichbedeutend mit geistlicher Einförmigkeit. Sie können Ihren Mann am besten dadurch in seinem Leben mit Jesus ermutigen, indem Sie seine Art, seinen Glauben zu leben, respektieren. Es ist erfrischend zu beobachten, wie ein Mann geistlich einen großen Schritt weiterkommt, nur weil seine Frau ihm ein einfaches Kompliment gemacht hat, wie zum Beispiel: „Es ist toll, wie du anderen Menschen hilfst – du siehst, was getan werden muss, und tust es einfach" oder: „Es gefällt mir, wie du die Dinge auf den Punkt bringst, wenn wir über geistliche Themen reden." Wenn Sie beobachten, dass Ihr Mann etwas gut macht, dann lassen Sie ihn wissen, dass Sie es bemerkt haben. Mit nichts können Sie sein geistliches Wachstum besser fördern.

Aber auch wenn Sie merken, dass Sie geistlich nicht dieselbe Wellenlänge haben, muss Sie das nicht erschüttern. Haben Sie Geduld. Geistliche Vertrautheit braucht, ähnlich wie die Vertrautheit im sexuellen Bereich, ihre Zeit. Allmählich werden Sie beide sich wohler dabei fühlen, wenn Sie einander das offenbaren, was in Ihrem Herzen vor sich geht und was sonst niemand weiß.

Die Ansprüche nicht zu hoch schrauben

Als Mark und ich jung verheiratet waren, hatten wir sehr ehrgeizige Pläne in Bezug auf unser geistliches Leben als Paar. Wir wollten mindestens einmal am Tag zusammen beten – natürlich keines dieser netten, oberflächlichen Tischgebete, mit denen wir aufgewachsen waren, sondern aus tiefstem Herzen kommende Gebete, die unserer Seelenverwandtschaft Ausdruck verliehen und uns auf der Grundlage der Ewigkeit vereinten.

Wir planten auch, einander Bücher vorzulesen – Andachten, Biografien namhafter Christen und natürlich die Bibel. Und da in der Zeit des Kennenlernens das gemeinsame Musizieren unser romantischer Mittelpunkt gewesen war, gingen wir davon aus, dass wir auch in der Ehe viel Zeit damit verbringen würden, „Psalmen, Lobgesänge und geistliche Lieder" zu singen, wobei Mark Gitarre spielte und ich Klavier. Unsere hochtrabenden Pläne scheiterten jedoch kläglich.

Innerhalb von sechs Monaten hatten unser ausgefüllter Alltag und unser Dienst für Gott uns so sehr im Griff, dass wir meistens nicht einmal zusammen zu Abend essen konnten, geschweige denn intensive Gebetszeiten abhielten. Wenn wir schlafen gingen, fing ich an, Mark etwas vorzulesen, doch schon bevor ich mit der ersten Seite zu Ende war, unterbrach mich sein Schnarchen. Gelegentlich beteten wir zusammen, aber unsere Gebete glichen kaum dem reichen, sorgfältig zubereiteten Fünf-Gänge-Menu, von dem wir geträumt hatten, sondern waren eher wie Fastfood, das man sich im Vorübergehen schnappt und hinunterschlingt. Und selbst heute, fast 25 Jahre später, hoffe ich immer noch, dass wir es irgendwann schaffen werden, ganz entspannt miteinander Musik zu machen.

Über zwei Jahrzehnte des Ehelebens haben meine Sicht der Dinge zurechtgerückt. Als wir frisch verheiratet waren, fühlten wir uns schuldig, weil wir nicht genug taten. Und manchmal standen uns diese unnötigen Schuldgefühle mehr im Weg als unser eigentliches Versagen.

Wenn wir Paare vor der Eheschließung beraten, geben wir ihnen für ihre geistliche Gemeinschaft diesen Rat mit auf den Weg: „Schraubt eure Erwartungen nicht zu hoch." Konkret raten wir ihnen zweierlei:

1. Eins genügt

Nehmen Sie sich nur eine einzige geistliche Übung vor, die Sie als Paar regelmäßig durchführen wollen. Ganz gleich, ob es das gemeinsame Gebet ist, das Lesen eines Andachtsbuches oder das Bibellesen – wichtig ist nur, dass man wenigstens etwas gemeinsam unternimmt und es für beide machbar ist.

Kürzlich fiel mir eine Sammlung von Artikeln in die Hände, die 52 christliche Leiter zum Thema ‚Geistliche Gemeinschaft in der Ehe' geschrieben hatten.[9] Es war faszinierend. Sie alle waren gebeten worden, eine Seite darüber zu verfassen, wie sie die geistliche Einheit in ihrer Ehe pflegten. Die größte Überraschung bestand darin, dass keines der 52 Paare genau dasselbe machte.

Sie beide könnten sich zum Beispiel einigen, dass Sie bei Tisch gemeinsam beten und zusammen den Gottesdienst in Ihrer Gemeinde besuchen. Oder Sie lesen als Paar jede Woche ein Kapitel aus einem christlichen Buch und tauschen sich am Mittwochmorgen beim Frühstück darüber aus. Vielleicht lesen Sie auch ein Kapitel aus dem Buch der Sprüche und schließen sich einem Hauskreis für junge Paare an. Die Möglichkeiten sind grenzenlos.

2. Schließen Sie sich einer unvollkommenen Gemeinde an

Sie sollten sich auch bewusst dafür entscheiden, sich einer unvollkommenen Gemeinde anzuschließen. Wir betonen das Wort *unvollkommen*, weil wir oft beobachtet haben, wie junge Paare die ersten Jahre ihrer Ehe damit zubringen, nach der „richtigen" Gemeinde zu suchen. Manche wechseln ständig ihre Gemeinden – ein Jahr in der einen, dann eine Weile in der anderen – und sind unfähig, sich für eine davon zu entscheiden.

Diese unendliche Suche bringt Paare dazu, ihr Leben lang mit ihrer Glaubensgemeinschaft unzufrieden zu sein, und schneidet sie von den Möglichkeiten zur positiven Veränderung ab, die wir nur dann haben, wenn wir über einen längeren Zeitraum unser Leben mit anderen Menschen teilen.

Wie ein Saatkorn, das nicht in die Erde gesteckt werden will, weil es dort schmutzig werden könnte, so verpassen solche Paare, die einfach keine geistliche Heimat finden können, die große Chance zum Wachstum. Denn Wachstum gibt es nur dann, wenn wir uns tief in die schmutzige Erde des Volkes Gottes hineinbetten lassen.

Wenn Sie diese zwei Ratschläge beherzigen – auf die Ehe und auf die Gemeinde konzentriert – und einen gemeinsamen Plan festlegen, dann werden Sie die geistliche Dimension Ihrer Ehe mit Freude und Begeisterung erleben statt mit Schuldgefühlen, nicht genug getan zu haben. Und wenn dann die Dürrezeiten Ihrer Ehe kommen – und das werden sie mit Sicherheit –, kann Ihre gemeinsame Liebe zu Gott sie zusammenhalten wie sonst nichts anderes.

Tipp Nr. 3:

Suchen Sie die geistliche Gemeinschaft mit Ihrem Mann. Wenn Sie und Ihr Mann sich näher zu Gott hinbewegen, dann bewegen Sie sich automatisch auch aufeinander zu.

4. Die Herkunftsfamilie:

Stromschnellen überwinden

Lassen Sie es mich ganz direkt sagen: Diese besondere Person, die Sie heiraten möchten – deren Hand Sie unter dem Tisch im Restaurant halten und die im Kerzenschein so unwiderstehlich aussieht –, diese Person ist in einer Familie mit Fehlern aufgewachsen, mit unvollkommenen Eltern und mit Geschwistern, die auch so ihre Macken haben.

Bill Hybels, *Aufbruch zum Leben*

Der Ocoee ist ein wunderbarer Fluss im amerikanischen Bundesstaat Tennessee – er bietet eine waghalsige Kombination aus Stromschnellen der Klasse vier und fünf. Im Jahr 2000 fand dort die Sommerolympiade im Kajakfahren statt, und er ist für die Teenagergruppe in unserer Gemeinde seit Jahren das Lieblingsziel aller Ausflüge. Das unberechenbare Gewässer zieht die Besucher zu Tausenden an. Sie alle wollen sich der Herausforderung stellen.

Vor ein paar Jahren unternahm eine Familie aus unserer Gemeinde eine Wildwasser-Fahrt auf dem Ocoee. Die Jungs befanden sich mit ihrem Vater und mehreren anderen Männern auf einem Gummi-Floß und fuhren im Konvoi mit fünf oder sechs weiteren Flößen. Mit heftigem Paddeln überwanden die Flöße die ersten Stromschnellen und schlugen jedes Mal mit einem explosiven Platschen auf dem Wasser auf – und noch waren keine „Schwimmer" zu vermelden. Doch nachdem ihr Floß den dritten Wildwasser-Abschnitt hinter sich gebracht hatte, wendeten sie und warteten auf die anderen Boote ihrer Gruppe. Nach wenigen Minuten wurden sie Zeugen einer schlimmen Situation:

Einige Leute klammerten sich an ein umgekipptes Floß, andere trieben schwimmend stromabwärts. Die Führer riefen einander verzweifelte Kommandos zu, und mehrere Personen sprangen mit Rettungsausrüstungen ins Wasser. Während die Rettungsaktion anlief, verbreitete es sich wie ein Lauffeuer stromauf- und stromabwärts: Ein Mann war hineingefallen und befand sich nun unter Wasser. Die Teams kämpften darum, ihn herauszuziehen, bevor ihm die Luft ausging.

Aus Sekunden wurden Minuten, aus fünf Minuten wurden fünfzehn. Der Rettungsversuch entwickelte sich zu einem Bergungskommando, zum verzweifelten Kampf gegen das Wasser, um wenigstens die Leiche des ertrunkenen Mannes herausholen zu können. Während unsere Freunde warteten und zusahen, wurde allmählich klar, was passiert war. Der Mann war aus dem Boot geschleudert worden, und bei dem Versuch, wieder an die Wasseroberfläche zu gelangen, tat er das, was ihm normal und naheliegend erschien: Er versuchte, sich am Boden abzustoßen. Dabei geriet er mit den Füßen unter einen riesigen Felsen. Die gewaltige Kraft des Stroms presste seine Füße so fest hinein, dass er sich nicht mehr allein befreien konnte.

Reißende Ströme können tödlich sein. Was uns Freude und Vergnügen schenkt, kann uns auch zerstören. Das gilt nicht nur für Wildwasser-Fahrten, sondern auch für die

Ehe. Was diesen Mann das Leben kostete, war nicht allein die Strömung, sondern erstaunlicherweise gerade das, was er für normal und naheliegend gehalten hatte. Über viele Jahre hatte er gelernt: Wenn ich im Wasser den Halt verliere, muss ich versuchen, auf die Füße zu kommen. Er tat also das, was ihm als Erstes in den Sinn kam.

Wie bist du nur so normal geworden?

Im Laufe der Jahre haben wir viele Paare kennengelernt, die sich über Geld stritten, über Sex oder über ihre Eltern. Doch in Wirklichkeit ging es gar nicht um diese Themen. Es ging vielmehr um die Frage, was sie als normal empfanden und was nicht.

Jeder von uns tritt in die Ehe mit einer Reihe von „Geboten" ein, die festlegen, was normal ist. Doch wenn unsere Ehe sich in einem reißenden Strom befindet, der uns den Boden unter den Füßen wegzieht, dann kann das, was wir als normal empfinden, unsere Beziehung zerstören.

Als Robert und Bobbie frisch verheiratet waren, sah Bobbie in jeder Autofahrt die Gelegenheit, die Umgebung genauer zu erkunden. Es erschien ihr ganz selbstverständlich, unterwegs immer wieder anzuhalten, um sich „historische Stätten" oder interessante Geschäfte anzusehen. Robert raufte sich dabei frustriert die Haare, denn er hatte mühsam eine Route ausgetüftelt, mit der man zügig von A nach B kam; und diese löste sich nun durch eine Unterbrechung nach der anderen in Luft auf. Bobbies *normale* Art der Fortbewegung traf auf Roberts *normale* Art der Fortbewegung. Bobbies Vater hatte nämlich die Autofahrten mit der Familie immer gern für ein spontanes Sightseeing unterbrochen, während

Roberts Vater nur dann anhielt, wenn der Tank schon so gut wie leer war.

In manchen Ehen empfindet es der Mann als normal, Konflikte um jeden Preis zu vermeiden, während es der Frau normal vorkommt, sich über alle Themen auszusprechen. Wenn dann Meinungsverschiedenheiten auftreten, geraten die beiden in eine Sackgasse. Und das nicht, weil das Thema so heikel ist, sondern weil sie so unterschiedliche Vorstellungen davon haben, wie man richtig – *normal* – mit Konflikten umgeht.

Die ungeschriebenen Regeln des Normalseins

Eine Regel könnte lauten: Die Familie ist beim Frühstück leise, während der Vater die Zeitung liest. Eine andere Regel bestimmt: „Die Frau kümmert sich stets um die Geburtstagsfeiern in der Familie" oder: „Der Mann bringt immer den Müll raus" oder: „Die Frau macht immer die Einkäufe". Halten Sie im ersten Ehejahr Ihre Augen offen – Sie werden bestimmt genug Beispiele für das finden, was Sie als normal ansehen.

Herauszufinden, was man selbst als normal empfindet, ist nicht so leicht, wie es auf den ersten Blick scheint. Wir denken nämlich meistens, dass unsere Regeln der Normalität allgemeingültig sind – dass also jede „normale Person" das Leben so sieht wie wir. Alles andere betrachten wir schlichtweg als falsch.

Wenn wir Paare zu Ehevorbereitungsgesprächen bei uns haben, dann beschäftigen wir uns in drei von fünf Sitzungen mit diesem schwierigen Thema: zu entdecken, was für den Mann oder die Frau jeweils normal ist. Viele Paare kommen so zum ersten Mal mit dem in Berührung, was sie an unausgesprochenen Erwartungen im Hinterkopf haben.

Glücklicherweise gibt es eine hilfreiche Möglichkeit, wie Sie und Ihr Mann Ihre Regeln der Normalität herausfinden können, ohne dass es für Sie beide bedrohlich wird. Viele Paare haben uns im Nachhinein gesagt, dass dieser Teil der Ehevorbereitung für sie der wichtigste gewesen ist. Es geht dabei um Folgendes: Wir beginnen mit einem sogenannten Genogramm, das wie ein einfacher Familienstammbaum aussieht. *Wieso denn ein Familienstammbaum?,* werden Sie sich jetzt vielleicht fragen.

Aus einem einfachen Grund: Weil unsere Regeln der Normalität fast immer aus unseren Herkunftsfamilien stammen. Es war kein Zufall, dass eine Reise mit dem Auto für Bobbie gleichbedeutend mit vielen Zwischenstopps und Abenteuern war; denn sie hatte im Lauf der Zeit gelernt, dass dies in ihrer Familie als normal galt. Robert dagegen konnte sich so etwas überhaupt nicht vorstellen.

In all den Jahren, in denen wir Paare beraten haben, haben wir nie nach ihren besten Freunden oder nach ihrer Lieblingssendung im Fernsehen gefragt. Es interessiert uns nicht einmal, welche Lehrer und Vorbilder ihnen am wichtigsten sind. Aber wir fragen immer nach ihren Familien. Natürlich werden unsere Wertvorstellungen auch durch die Medien und durch unsere Freunde beeinflusst. Aber wenn es darum geht, wodurch unser unausgesprochener Sinn fürs Normale geprägt wurde, so gibt es nichts, was mit dem mächtigen Einfluss der Familie vergleichbar wäre. Das Genogramm ist deshalb so wirkungsvoll, weil es uns zeigt, welche Muster der Normalität „in der Familie" vorherrschen und nicht nur bei einzelnen Personen. Und seien wir doch ehrlich: Meistens fällt es uns leichter, die seltsamen Gewohnheiten in unserer Familie zu benennen als bei uns selbst, oder?

Mein eigenes Genogramm erstellen

Wenn Sie Ihr eigenes Genogramm erstellen wollen, zeichnen Sie zunächst jeder für sich einen Familienstammbaum auf, der ungefähr so aussieht:

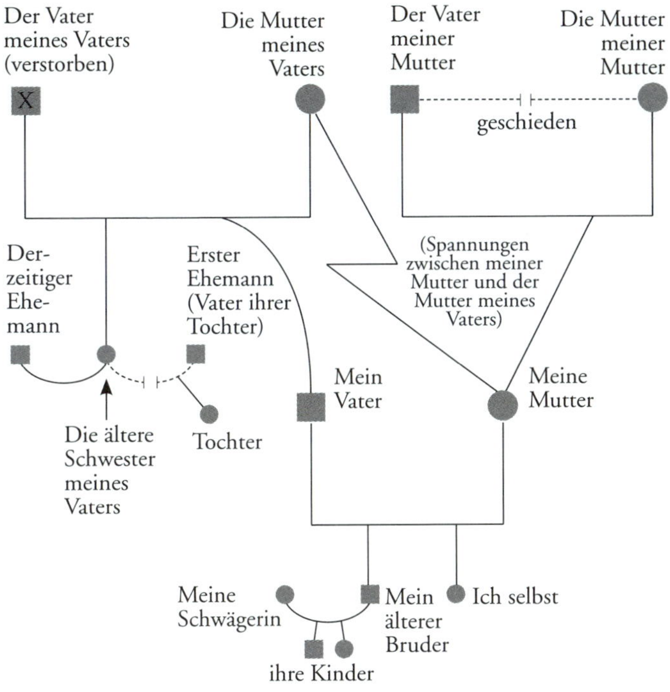

Sobald die Zeichnung fertig ist, bitten wir die Braut oder den Bräutigam, uns eine kurze Beschreibung aller Personen im jeweiligen Genogramm zu geben. Diese Beschreibungen können ganz unterschiedlich ausfallen, von sehr speziellen Kommentaren: „Vorstandsmitglied bei BMW“, „das ganze Leben über Hausfrau/Hausmann“ oder „im Gefängnis“ bis hin zu allgemeineren Bezeichnungen wie „Ernährer der Familie“, „streng“ oder „nervtötend“. Wenn die Paare mit der Beschreibung beginnen, ermutigt Mark sie immer, das Erste zu nennen, was ihnen einfällt, und nicht lange zu überlegen. Diese ehrlichen und spontanen Antworten sind besonders aufschlussreich, wenn es darum geht herauszufinden, was diese beiden Menschen jeweils als normal empfinden.

Sobald Mark die anfänglichen Beschreibungen erhalten hat, bittet er das Paar um weitere Informationen über ihre Eltern und Großeltern. Dazu stellt er drei Fragen:

- Was kann man über deren Ehe sagen?
- Wie gingen sie mit Konflikten um?
- Wie sah ihr geistliches Leben aus?

Wir bitten die Braut und den Bräutigam außerdem, uns von glücklichen Ehen aus ihrem Familiengefüge zu berichten, aber auch Spannungen zu benennen, die es innerhalb der Familien gab. Aus diesen Informationen erstellt Mark dann einen „Normal-Bericht“. Dieser beschreibt dem Brautpaar, was eine in der jeweiligen Familie aufgewachsene durchschnittliche Person für normal halten würde. In diesem Bericht werden fünf Fragen beantwortet:

1. Was wäre für jemanden, der in dieser Familie aufgewachsen ist, ein normaler Ehemann?
2. Was wäre für jemanden in dieser Familie eine normale Ehefrau?
3. Was wäre für jemanden in dieser Familie eine normale Ehe?
4. Was wäre für jemanden in dieser Familie ein normaler Umgang mit Konflikten?
5. Was wäre für jemanden in dieser Familie ein normales geistliches Leben als Ehepaar?

Wenn wir mit dem Brautpaar dann die Antworten auf diese Fragen besprechen, ist ihre Reaktion ganz erstaunlich. Für die allermeisten Paare kommt es zu einem regelrechten Aha-Erlebnis. Sie haben das Gefühl, mit neuen Augen durch die Welt zu gehen, und wissen von nun an: Sie müssen bereit sein, in ihrer Ehe mehr zu tun als das, was ihnen „ganz normal" erscheint.

Wenn Sie ein solches Genogramm zusammen mit einem professionellen Eheberater besprechen, hat das sicherlich große Vorteile. Doch Sie können es auch allein in Angriff nehmen und auf diese Weise mit Erfolg herausfinden, was für Sie normal ist.

Das Genogramm von Greg und Carrie

Nach dem ersten Ehevorbereitungsgespräch mit Greg und Carrie hatten wir die beiden schon ins Herz geschlossen. Greg war ein Typ, der sich für sein Leben und seine Ehe genaue Ziele gesteckt hatte. Er war ein überzeugter Christ, der hohe Ansprüche an sich selbst und an die Ehe stellte. Doch während unserer Gespräche bemerkten wir, dass bei ihm unter der Oberfläche zornige Gefühle brodelten.

Carrie war eine warmherzige, aufmerksame Frau, die jedes Wort aus unseren Gesprächen in sich aufnahm. Als sie zur zweiten Sitzung kamen, hatten sie ihre Aufgaben aus der ersten schon erledigt und fragten, ob sie mehr als die vereinbarten fünf Gespräche mit uns führen könnten!

An ihren Genogrammen gab es nichts Ungewöhnliches zu entdecken. Sie waren wie ruhige Gewässer, in denen es nur fünf oder sechs problematische Stellen gab – alles vorhersehbar. Als wir aber über diese schwierigeren Punkte zu reden begannen, stellten wir fest, dass es unter diesen ruhigen Gewässern Strömungen gab, die zu einer echten Herausforderung für dieses vorbildliche junge Paar werden konnten.

Als Greg und Carrie erfuhren, dass wir mit ihnen über ihre Familien sprechen wollten, fingen sie beide an zu lachen und bezeichneten Gregs Familie als „die Cleavers" und Carries Familie als „die Simpsons". Beide waren sehr überzeugt davon, dass Gregs Familie als stabil gelten konnte, während Carries eher zerrüttet war. Glücklicherweise waren sie bereit und sogar sehr interessiert daran, ihre möglichen Gefahrenzonen herauszufinden.

Carries Familie

Carries Eltern ließen sich scheiden, als Carrie gerade ins Teenageralter kam. Ihr Vater heiratete schon bald nach der Scheidung wieder. Carrie lebte bei ihrer Mutter, die sie als „warmherzig, sehr beschäftigt, unsicher und ziemlich einsam" beschrieb. Ihr Vater war „ein sachlicher Typ, streng, kalt und leicht aufbrausend", ihre Stiefmutter bezeichnete sie als „herrisch, egoistisch und manipulierend".

Mit einem verbitterten Unterton erklärte Carrie, sie habe nie erlebt, dass ihr Vater seinen Ehefrauen oder ihr selbst seine Zuneigung durch Zärtlichkeit gezeigt habe. Als wir sie fragten, warum ihre Eltern sich hatten scheiden lassen, antwortete sie nur: „Ich habe keine Ahnung."

„Hast du sie nie danach gefragt?", wollte Mark wissen.

„So eine Frage kann man meinen Eltern einfach nicht stellen", stellte Carrie sachlich fest.

Als wir Carries weiteren Familienkreis betrachteten, fanden wir außerdem:

- eine Tante – „nett, aber immer ein bisschen nervös" – die mit einem „sehr erfolgreichen" Mann verheiratet ist, der jeden Monat aus beruflichen Gründen drei Wochen in Europa verbringt.
- noch eine Tante – „die Liebevolle" – die verheiratet ist und eine Scheidung hinter sich hat. Ihr Exmann ist ein „Versager", der zahlreiche Affären hatte.
- einen „dynamischen" Onkel, der mit einer „unterwürfigen" Frau verheiratet ist, die „irgendwelche psychischen Probleme" hat.

Carries Großmütter lebten beide noch; ihre „hart arbeitenden" und „strengen" Ehemänner starben noch vor Carries Geburt. Eine Großmutter bezeichnete Carrie als „normal"; sie schickt zum Geburtstag Kekse und Geld. Die andere nannte Carrie eine „Hexe", die „immer nur das macht, was sie will".

Als wir Carries Genogramm fertiggestellt hatten, fragte ich: „Gibt es noch etwas, was du uns über deine Familie sagen willst?"

„Ich bin total anders als sie", antwortete sie eifrig. „Ich habe mir geschworen, dass ich meine Ehe von dem, wie sie sind, nie beeinflussen lasse."

Carries Genogramm sah ungefähr so aus:

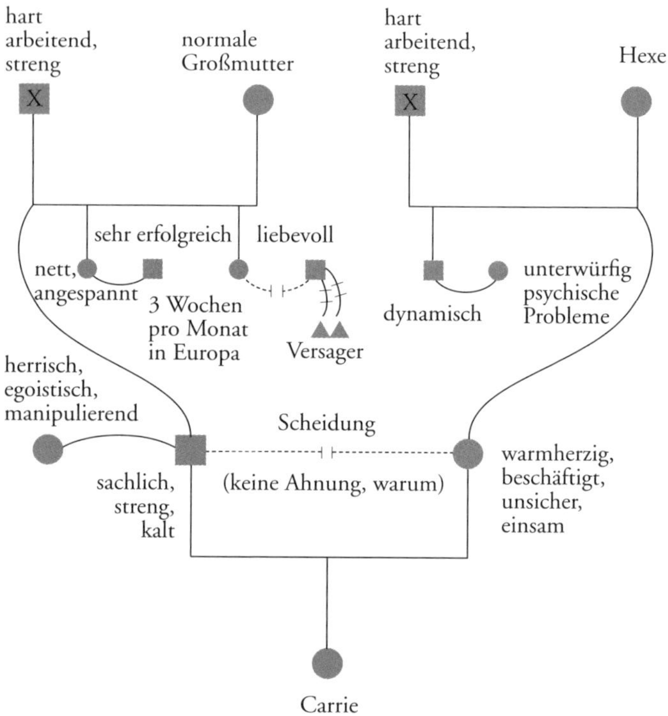

x= verstorben

Gregs Familie

Fast jeder Mann in Gregs Familie wurde als „überlebensgroß“ beschrieben. Als wir uns Gregs Genogramm ansahen, fanden wir einige interessante Dinge:

- sein Vater ist der „unbestrittene Chef“, der „niemals infrage gestellt werden darf“
- einer seiner Onkel ist „explosiv“
- sein Großvater wird humorvoll als „pompöses hohes Tier“ bezeichnet
- einer der Onkel ist „dick und laut“

Greg beschrieb mehrere Männer in seiner Familie mit extrem positiven Worten wie „unglaublich“ und „toll“. Viele Ehemänner waren sehr gläubig, mehrere waren Pastoren.

Die Frauen in Gregs Familie erhielten dagegen ganz andere Beschreibungen:

- eine ganze Reihe von „stillen und gläubigen“ Frauen – allerdings werden diese nicht so überschwänglich positiv beschrieben wie ihre Männer
- eine Tante mit einer Essstörung
- eine insgeheim alkoholabhängige Großmutter
- Gregs Mutter, deren chronische Rückenschmerzen sie seit zwei Jahren außer Gefecht gesetzt haben
- Gregs ältere Schwester, das „schwarze Schaf“ in der Familie
- zwei Cousinen, die beide außereheliche Affären haben

Was schlummert unter der Oberfläche?

Haben Sie bemerkt, dass die *normalen* Frauen in beiden Familien mehr als genug Probleme hatten? Ob es Carries unsichere, einsame Mutter war oder ihre manipulierende Stiefmutter oder irgendeine Frau in Gregs Familie, die deutliche seelische oder psychische Probleme hatte – in beiden Familiensystemen galt die Regel: „Frauen haben Probleme."

Selbst die Bezeichnung, die Greg und Carrie zu Beginn für ihre Familien gefunden hatten – die „Cleavers" und die „Simpsons" –, zeigen, dass die beiden dem Klischee schon aufgesessen waren und es für sich übernommen hatten: Normale Frauen haben Probleme.

In beiden Familien fiel es den Frauen schwer, ihre Bedürfnisse auf eine gesunde Art und Weise erfüllt zu bekommen. Sie hatten Affären, waren abhängig oder litten unter vagen psychischen Problemen. Es galt also in diesem Familiengefüge für eine Frau nicht als *normal*, ihre Bedürfnisse klar zu äußern. Die Ehemänner in diesen beiden Systemen waren eher distanziert, außer Reichweite, manchmal geradezu unnahbar. Ganz gleich, ob sie so taten, als hätten sie alles im Griff (wie die Männer in Gregs System), oder ob sie die Familie einfach verließen (wie Carries Vater oder ihr Onkel, der in Europa arbeitete): Der *normale* Mann war in der Regel nicht verfügbar und hielt sich von den alltäglichen Problemen seiner Frau fern.

Vielleicht fragen Sie sich nun, wieso dieses Muster zu einer gefährlichen Strömung werden kann. Spulen wir doch einfach mal nach vorne und stellen uns Carrie und Greg fünf Jahre nach ihrer Hochzeit vor:

Als sie frisch verheiratet waren, war Greg immer der Starke, der alles im Griff hatte. Carrie mochte das an ihm und verließ sich auf seine Stärke. Es gefiel ihr, dass er die Dinge anpackte und sich um sie kümmerte.

Doch nun, nach fünf Jahren, starrt sie aus dem Fenster, und die Verzweiflung hüllt sie ein wie die Decke, die sie sich um die Schultern gelegt hat. Sie versucht, Erklärungen für ihre Niedergeschlagenheit zu finden: Vielleicht ist es die Migräne, die sie seit ein paar Jahren hat; oder es ist die Enttäuschung, weil sie nicht schwanger werden konnte; oder sie hat einfach nicht genug gebetet. Doch eins ist jedenfalls klar: Sie empfindet nichts mehr für diesen Mann, mit dem sie zusammenlebt.

Greg ist zwar ein guter Mann, gläubig. Sie respektiert ihn. Sie fühlt sich schuldig, dass sie sich nicht stärker darum bemüht hat, ihre Ehe am Leben zu erhalten. Aber sie hat es satt – satt, dass er nie seine Fehler zugibt, ihre Bedürfnisse nicht wahrnimmt; satt, dass er so arrogant und herablassend ihr gegenüber ist, wenn sie ein Problem zur Sprache bringt.

Wie konnte es mit Greg und Carrie so weit kommen? Weil sie sich verhielten, wie es ihnen normal erschien. Da die Männer in Carries Familie ständig abwesend sind, war es für sie normal, Greg auf Distanz zu halten. Oder sie versuchte, es in übertriebenem Maß wieder auszugleichen, indem sie sich an Greg klammerte und sich verzweifelt nach seiner Aufmerksamkeit und Nähe sehnte. Für Greg war die Sache ganz klar: Angesichts der vielen Frauen in seiner Familie, die Probleme mit sich herumtrugen, gab er Carrie die Schuld für alles, was in seiner Ehe schiefging. Und auch Carrie machte sich selbst Vorwürfe, denn sie wusste nicht, wie sie ihren Mann um das bitten konnte, was sie wirklich von ihm brauchte.

Als wir unser Gespräch mit Greg und Carrie beendeten, hatten sie klar erkannt, welche Gefahr die unterschwelligen Strömungen in ihrem Familiensystem für ihre eigene Ehe darstellten. Nun konnten sie sich viel konkretere Ziele stecken, um ihre Ehe lebendig und gesund zu erhalten. Carrie war nun viel mehr bereit, ihre eigenen Bedürfnisse zu erkennen und den Mut aufzubringen, sie Greg offen mitzuteilen. Und Greg war klargeworden, dass er nicht in seine eigenen Stärken und Überzeugungen vernarrt sein sollte; er beschloss, das Muster, das er in seiner Familie kennengelernt hatte, nicht in seine Ehe zu übertragen und in seiner Frau nicht „das Problem" zu sehen.

Der gefährlichste Feind ist der, den man nicht sieht

Es ist gefährlich anzunehmen, dass nur Leute aus zerrütteten Familien „Probleme" in ihre Ehe hineinbringen. Es gibt zwei Gruppen von Brautpaaren: diejenigen, die sich offen den Problemen stellen, die sie in die Ehe hineintragen, und diejenigen, die meinen, keine zu haben. Die zweite Gruppe steuert völlig unvorbereitet auf die Stromschnellen zu.

Jemand hat einmal gesagt: „Ich weiß nicht, wer das Wasser entdeckt hat, aber es war sicherlich kein Fisch." Wenn wir vom *Normalen* umgeben sind, können wir nur schwer erkennen, dass es überhaupt existiert. Die Ehen, die in große Schwierigkeiten geraten, sind meist die, in denen einer der Partner blind dafür ist, wie sich sein Normalitätsmuster auswirkt. Er oder sie sagt meistens Sätze wie:

- „Meine Familie hat keinen Einfluss darauf gehabt, wie ich geworden bin."
- „Ich kenne meine zukünftige Frau schon jahrelang. Wir werden keine Probleme haben."
- „Ich bin so froh, dass es in unseren Familien nicht so zugeht."

Als wir fünf Jahre verheiratet waren, gerieten Mark und ich in Stromschnellen, auf die wir nicht vorbereitet waren. Mark musste bei seinem zukünftigen Arbeitgeber an einem dreitägigen psychologischen Test teilnehmen. Heute, fast zwanzig Jahre später, können wir darüber lachen – es ist jedoch mehr dieses nervöse Lachen, das einem entfährt, wenn man nur knapp einem Unfall entgangen ist. Doch als wir damals das Ergebnis des Tests zum ersten Mal hörten, war uns nicht nach Lachen zumute.

Nach den drei Testtagen saßen wir im Sprechzimmer des Therapeuten, um die Ergebnisse zu erfahren. Da wir mit einem bestimmten Resultat rechneten, freuten wir uns sogar auf das Gespräch. Mark war immer sehr gut in Tests, und wir erwarteten, auch dieses Mal solche Worte zu hören wie „hoch motiviert", „überdurchschnittlich" oder „ungewöhnlich reif für sein Alter". Doch dann bekamen wir etwas ganz anderes zu hören.

Der Therapeut wandte sich mir zu und sagte: „Sie sollten wissen, dass Ihr Mann ein sehr zorniger Mensch ist."

Ich starrte ihn ungläubig an. Mark lachte. Er tat es wirklich. Mark war nämlich überzeugt davon, dass der Therapeut seine Testergebnisse mit denen einer anderen Person verwechselt hatte. Ich werde nie vergessen, wie mein Mann mich ansah – die Frau, mit der er seit fünf Jahren zusammenlebte.

Er sagte: „Antworte ihm bitte, Schatz. Bin ich etwa ein zorniger Mann? Ich bin doch der Lustige, nicht wahr? Es gibt zwar ein paar zornige Männer in meiner Familie, aber ich bin keiner davon."

Doch zu Marks Verblüffung konnte ich dem Therapeuten nicht widersprechen. Im Gegenteil: Ich untermauerte seine Ergebnisse mit weiteren Fakten. Wenn man Mark damals gefragt hätte: „Wie wirkt sich deine Familie auf deine Ehe aus?", dann hätte er voller Überzeugung geantwortet: „Nicht allzu sehr. Unsere Ehe ist ganz anders als die meiner Eltern." Mark hatte keinen Blick dafür, dass seine Familie ihn zutiefst beeinflusst hatte. Er war blind für das Offensichtliche. Gerade war er dabei, genau denselben Beruf zu ergreifen wie die meisten Männer in seiner Familie, und es kam bei ihm auch schon dasselbe Muster des Zorns zum Vorschein, was er sich aber nicht eingestehen wollte. Für ihn war das alles normal.

In den darauffolgenden Monaten und Jahren begann bei Mark ein Prozess: Er fing an, seinen Zorn offen zuzugeben, und lernte allmählich: Wenn er den Zorn nicht beherrschen konnte, dann würde dieser schließlich ihn selbst und unsere ganze Familie in seine Gewalt bringen. Als Mark die gefährliche, unterschwellige Strömung des Zorns erkannt hatte, wurde er frei, auf spielerische Weise damit umzugehen.

Wenn wir Familienfreizeiten leiten, dann erzählt Mark gerne eine Geschichte davon, wie mein gelassener Umgang mit seinem Zorn ihm manchmal half, davon frei zu werden. Doch lassen wir ihn selbst zu Wort kommen:

Als wir zehn Jahre verheiratet waren, kam ich eines Abends nach Hause, und in der Wohnung sah es aus, als ob dort drei wilde Kinder lebten (was auch tatsächlich der Fall war). Spielzeug lag im Kinderzimmer verstreut, das Geschirr war nicht abgewaschen, und auf dem Küchentisch lag ein Sandwich – offensichtlich schon seit Stunden.

Ich hatte einen besonders harten Arbeitstag hinter mir. Ich fühlte, wie der Ärger in mir hochstieg. Schon hatte ich völlig vergessen, nett zu sein. Kein „Wie war dein Tag?" oder „Kann ich dir beim Abendbrot helfen?" Ich kam einfach nur herein, presste die Lippen zusammen und fing an aufzuräumen oder – wie meine Kinder sagen würden: „alles in einen tadellosen Zustand zu bringen". Schon nach kurzer Zeit war ich überzeugt davon, wie absolut ungerecht es war, dass ich ein chaotisches Haus aufräumen sollte, nachdem ich den Tag über schon so viele Stunden gearbeitet hatte.

Doch meine Frau, die mein Genogramm nur allzu gut kennt, hat gelernt, wie sie mein Muster des Zorns, der sich an Kleinigkeiten aufhängt, durchbrechen kann. Ich werde nie diese angespannte Situation in der Küche vergessen. Nachdem meine Frau ein paar Minuten beobachtet hatte, wie ich beleidigt herumhantierte, widerstand sie dem Drang, sich in meinen Ärger einzuklinken. Wie einfach wäre es für sie gewesen, mit der Bemerkung, dass die Haushälterin heute leider ihren freien Tag hatte, zurückzuschießen oder mir ein beleidigtes „Du hast nun mal nicht die perfekte Hausfrau geheiratet" an den Kopf zu werfen.

Stattdessen sagte sie zu mir: „Wie wäre es, wenn du deine Krawatte abnimmst, dich für ein paar Minuten aufs Bett legst und das Buch aufschlägst, das du schon die ganze Zeit lesen willst? Wenn die paar Minuten um sind, dann rufst du mich, und dann möchte ich von dir hören, wie sehr du mich liebst. Vielleicht können wir den Abend dann noch mal neu beginnen."

Worüber streiten wir eigentlich?

In der Hitze des Gefechts übersehen wir leicht, worum es wirklich geht. Unsere Erfahrung hat gezeigt: Je mehr sich ein Paar auf die Inhalte seines Konfliktes konzentriert – auf Themen wie Geld, Sex, Schwiegereltern, eine unordentliche Küche –, umso wahrscheinlicher ist es, dass sie sich in ihrem Konflikt festfahren. Wenn ein Paar sich aber auf die Probleme seines Genogramms konzentriert (auf Verhaltensmuster wie Zorn und die Reaktion darauf, Dominanz und Unterwürfigkeit, Macht und Hilflosigkeit), umso eher gelingt es ihnen, diese Probleme zu überwinden, ohne die Liebe zueinander und den Respekt voreinander zu verlieren.

Die meisten Paare machen den Fehler, dass sie sich in ihren Konflikten mit den falschen Themen beschäftigen. Zum Beispiel haben ein dominanter Mann und eine unterwürfige Frau einen Konflikt wegen Sex, aber der Sex ist nicht das eigentliche Thema. Oder eine Frau, die zur Kritik neigt, und ein Mann, der seiner Frau keine Aufmerksamkeit schenkt, meinen, sie würden sich wegen der Kinder streiten. In Wirklichkeit geht es aber um die Verhaltensmuster des Kritisierens und der Unaufmerksamkeit.

Jim und Irene hatten hierin keine glückliche Hand. Woche um Woche trafen wir uns mit ihnen, und sie meinten immer noch, ihr eigentliches Problem sei das Geld. Eines Abends stritten sie sich wieder um finanzielle Dinge, in Hörweite ihrer Kinder. Der Konflikt geriet außer Kontrolle, und

Jim schlug Irene so heftig ins Gesicht, dass er ihr das Nasenbein brach. Entsetzt über sein Verhalten standen sie beide da, Irene mit blutüberströmtem Gesicht. Da kam ihr achtjähriger Sohn ins Zimmer, hielt ihnen sein Sparschwein hin und rief: „Ihr könnt mein ganzes Geld haben!"

Es geht uns wie dem Kind, das meint, es könne mit seinem Sparschwein helfen: Wir unterschätzen die Gefahr, die vom Normalen ausgeht, von diesen unterschwelligen Strömungen, die unsere Konflikte tragen. Doch es sind genau diese Strömungen und nicht die Konfliktthemen selbst, die für unsere Ehe die größte Bedrohung darstellen.

Tipp Nr. 4:

Finden Sie heraus, was Ihre ungeschriebenen Regeln des Normalseins sind. Welche unausgesprochenen Erwartungen haben Sie im Hinterkopf? Kommen Sie darüber mit Ihrem Ehemann ins Gespräch. Denken Sie daran: Der gefährlichste Feind ist der, den man nicht sieht.

5. Rollenverteilung:

Willkommen in meiner Welt!

Für einen Mann ist die liebevolle Reaktion seiner Frau auf sein Verhalten eine ganz besondere Quelle der Liebe. Auch er hat einen Liebestank, aber dieser wird nicht so sehr mit dem gefüllt, was seine Frau für ihn tut, sondern vor allem mit dem, wie sie auf ihn reagiert oder wie sie über ihn denkt. Das Herz eines Mannes öffnet sich, sobald es ihm gelingt, seine Frau glücklich zu machen.

John Gray, *Männer sind anders. Frauen auch*

Am 13. Mai 1955 erschien in der Zeitschrift *Housekeeping Monthly* ein Artikel für Frauen unter dem Titel *Wie man eine gute Ehefrau wird*[10]. Hier wurde in allen Einzelheiten geschildert, welche einzigartige Rolle die Frau in einer gesunden Ehe ausfüllen sollte. Vor über einem halben Jahrhundert wurden die Erwartungen an eine Ehefrau so genau beschrieben, dass wir heute amüsiert darüber schmunzeln.

Hier also ein paar Tipps für eine „gute Ehefrau" – zumindest in den 1950er-Jahren:

- Das Abendessen sollte fertig sein. Planen Sie voraus, auch schon am Tag vorher, und halten Sie pünktlich, wenn er nach Hause kommt, eine wohlschmeckende Mahlzeit bereit. Auf diese Weise zeigen Sie ihm, dass Sie an ihn gedacht haben und Ihnen seine Bedürfnisse wichtig sind.

- Bereiten Sie sich selbst vor. Nehmen Sie sich 15 Minuten Zeit zum Ausruhen, damit Sie erfrischt sind, wenn er eintrifft. Legen Sie neues Make-up auf, binden Sie sich eine Schleife ins Haar, und sehen Sie erholt aus.
- Seien Sie fröhlich und interessant für ihn. Nach einem langweiligen Tag könnte er eine Abwechslung gebrauchen, und die sollten Sie für ihn bereithalten.
- Räumen Sie auf. Gehen Sie noch einmal durch die wichtigsten Zimmer, kurz bevor er kommt. Sammeln Sie Schulbücher, Spielsachen, Papier usw. auf, und wischen Sie mit dem Staubtuch kurz über die Tische.
- In der kühleren Jahreszeit sollten Sie ein Kaminfeuer für ihn vorbereiten und anzünden, an dem er sich entspannen kann. Ihr Mann wird das Gefühl haben, in einen Hafen der Ruhe und der Ordnung zu gelangen, und das wird auch Ihnen guttun. Wenn Sie um seine Annehmlichkeit besorgt sind, wird das auch Ihnen große persönliche Genugtuung verschaffen.
- Bereiten Sie die Kinder vor. Nehmen Sie sich ein paar Minuten Zeit, um ihnen das Gesicht und die Hände zu waschen (wenn sie noch klein sind), ihnen die Haare zu kämmen und, wenn nötig, die Kleider zu wechseln. Die Kinder sind für Ihren Mann kostbare kleine Schätze, und er wird sich

freuen, wenn sie auch entsprechend aussehen. Vermeiden Sie Lärm. Wenn Ihr Mann nach Hause kommt, sollte keine Waschmaschine, kein Föhn und kein Staubsauger zu hören sein. Ermahnen Sie auch die Kinder, sich ruhig zu verhalten.

- Begrüßen Sie ihn mit einem warmen Lächeln, und lassen Sie ihn wissen, dass Sie aufrichtig darum bemüht sind, ihm zu gefallen.
- Hören Sie ihm zu. Sie mögen ihm viel Wichtiges zu berichten haben, doch der Augenblick seiner Ankunft ist nicht der richtige Zeitpunkt dafür. Lassen Sie ihn zuerst zu Wort kommen – denken Sie daran, dass seine Gesprächsthemen wichtiger sind als Ihre.
- Der Abend soll ganz ihm gehören. Beklagen Sie sich nie, wenn er spät kommt, wenn er zum Essen ausgeht oder etwas anderes ohne Sie unternimmt. Versuchen Sie stattdessen zu verstehen, wie viel Druck und Belastung er tagsüber aushalten muss und wie groß sein Bedürfnis ist, nach Hause zu kommen und sich zu erholen.
- Beklagen Sie sich nicht, wenn er zu spät zum Abendessen kommt oder wenn er den ganzen Abend wegbleibt. Betrachten Sie das als geringes Problem im Vergleich zu dem, was er den ganzen Tag durchgemacht hat.
- Machen Sie es ihm gemütlich. Er soll sich in einem bequemen Sessel ausruhen oder sich im Schlafzimmer hinlegen. Halten Sie ein kühles oder warmes Getränk für ihn bereit. Schütteln Sie sein Kissen auf und bieten Sie ihm an, ihm die Schuhe auszu-

ziehen. Sprechen Sie mit leiser, beruhigender und angenehmer Stimme.

- Stellen Sie sein Handeln, sein Urteil oder seine Aufrichtigkeit nicht infrage. Denken Sie daran: Er ist der Herr des Hauses und wird seinen Willen stets gerecht und treu ausführen. Sie haben nicht das Recht, ihn infrage zu stellen.

Sicherlich können Sie sich vorstellen, wie die Reaktionen aussehen, wenn wir diese Beschreibung unseren Paaren in der Eheberatung vorlesen. Mit jeder Zeile wird das Gelächter lauter.

Damals in den 1950er-Jahren war die Rolle der Ehefrau klar und deutlich vorgegeben. Zwar stellt diese streng definierte Rolle nicht unbedingt das Rezept für eine glückliche Ehe dar, aber sie trug vermutlich dazu bei, die Ehen stabiler zu machen, auch wenn die Leidenschaft dabei zu kurz kam. Der Mann kannte seine Rolle, die Frau kannte ihre. Obwohl es unbestritten notwendig war, dieses Rollenverständnis zu verändern – vor allem aufseiten der Frauen –, hat die Bewegung hin zu einer „gleichberechtigten“ Ehe häufig die Gleichberechtigung gerade nicht gefördert, sondern zu einer ernsten Verunsicherung geführt. Man kann es mit einer Fußballmannschaft vergleichen, die denkt, dass jedes Teammitglied auf jeder Position spielen sollte. Sie verlieren die Bälle, an manchen Stellen fehlt die Deckung, man macht sich gegenseitig Vorwürfe, und am Ende verliert das Team.

Vor Kurzem las ich mit Interesse die überraschenden Ergebnisse einer Studie über College-Studenten an drei verschiedenen amerikanischen Universitäten. Folgendes kam bei diesen Untersuchungen heraus: „Paare aus der Altersgruppe von Studierenden, die traditionelle Ansichten über die Rolle der Geschlechter haben, tendieren zu einer stabileren Ehe als Paare, die sich die Konzepte der Gleichberechtigung angeeignet haben."[11] Wenn wir uns darüber im Klaren sind, welche Position wir auf dem Spielfeld der Ehe einnehmen, so trägt das anscheinend dazu bei, die Beziehung zwischen den Eheleuten zu schützen und sie stabiler zu machen.

Wenn ich mit Paaren darüber sprechen will, wie die Bibel die Rolle der Frau in der Ehe sieht, kann ich die aufkommende Ablehnung schon spüren, bevor ich überhaupt angefangen habe zu reden. Dieser Widerstand überrascht nicht. Viele Frauen ärgern sich zu Recht über die Selbstbedienungs-Mentalität der Männer, die meinen, ihre biblische Rolle als Ehemann erlaube es ihnen, über ihre Frauen zu herrschen und ihr Leben zu bestimmen. Doch die Botschaft der Bibel über unsere jeweilige Rolle in der Ehe ist ganz anders.

Auf den ersten Blick scheint die Lehre der Bibel in Bezug auf die Rolle von Ehemann und Ehefrau enttäuschend vage zu sein. Wer die Rechnungen bezahlt, wer den Urlaub plant, wer das Haus sauber macht, wer einkaufen geht, wer seinen Beruf ausübt, wer die Windeln wechselt – all das wird in der Bibel nicht geschlechterspezifisch beantwortet. Denn die Bibel lehrt uns etwas sehr viel Tiefgehenderes. Sie schreibt dem Mann und der Frau nicht vor, welche Aufgaben sie jeweils erfüllen sollen. Wenn wir wirklich verstehen, welche Rolle die Bibel der Frau in der Ehe zugedacht hat, dann befreit uns das von der ermüdenden Auseinandersetzung über Geschlechterrollen, bei denen einfach vorausgesetzt wird, dass Männer und Frauen von unterschiedlichen Planeten stammen.

Wenn also der vage Ansatz der Gleichberechtigung nicht

funktioniert und das traditionelle Modell der 1950er-Jahre im besten Fall abstoßend (im schlimmsten Fall unterdrückend) ist, dann wird es höchste Zeit, eine radikal andere Lösung in Betracht zu ziehen. Die Bibel schreibt uns zwar keine spezifischen Aufgaben vor, aber sie gibt der Frau drei klare Hinweise für ihre Rolle in der Ehe, wobei sie die Haltung beschreibt, die eine Frau gegenüber ihrem Mann einnehmen soll. Wenn Sie sich damit beschäftigen, was Ihnen die Bibel über die Rollenverteilung in der Ehe sagt, dann denken Sie daran, dass Sie sich am Steuer befinden. Ihr Mann kann Sie nicht dazu zwingen, diese Haltung ihm gegenüber einzunehmen. Und das Ganze funktioniert offen gesagt auch nur dann, wenn Sie sich freiwillig dafür entscheiden.

Gottes Ebenbild

So schuf Gott den Menschen als sein Ebenbild,
als Mann und Frau schuf er sie.

1. Mose 1,27

Schon bei einer oberflächlichen Betrachtung von 1. Mose 1-2 erkennen wir einen Gott, der seine Schöpfung geordnet und zielgerichtet gestaltet. Jede neue Phase baut auf der vorhergehenden auf, sie ist noch komplexer und jeweils besser als die vorige – bis die Schöpfung ihren Höhepunkt erreicht. Und worin besteht dieser genau?

Ich habe Auslegungen gehört, wonach die Schöpfung ihren Höhepunkt erreichte, als Gott Adam das Leben einhauchte. Doch als ich die Geschichte genauer las, schien mir diese Deutung nicht mehr einleuchtend. Nach jeder Schöpfungsphase hören wir den wiederkehrenden Refrain: „*Und*

Gott sah, dass es gut war." Doch nach der Erschaffung Adams, als Adam in den Garten gebracht wird, folgen eben nicht die Worte: „Es war gut." Stattdessen wird der Rhythmus der Schöpfung unterbrochen durch die vier schockierenden Worte: „*Es ist nicht gut.*" (1. Mose 2,18)

Wie bitte?, denken Sie jetzt vielleicht. *Wie kann etwas, das Gott geschaffen hat, denn nicht gut sein?*

„*Es ist nicht gut*", sagt Gott, „*dass der Mensch allein lebt.*" Solange die Frau noch nicht erschaffen ist, bleibt die Schöpfung unvollständig. Der Mann, auf sich allein gestellt, genügt einfach nicht.

Es ist wie bei einem Feuerwerk: Die Veranstalter legen eine dramatische Pause ein, um es für das Publikum spannender zu machen. Schon denken die Leute, die Vorführung sei zu Ende, und dann kommt das große Finale. So hat auch Gott das Beste bis zum Schluss aufgehoben. Die Heilige Schrift lehrt nicht, wie manche vielleicht glauben, dass die Frau nur eine Art nachträglicher Einfall ist, ein kleines Sahnehäubchen auf der eigentlichen Schöpfung, ein minderwertiges Anhängsel an das, was die Hauptattraktion ist. Wenn wir den Schöpfungsbericht genau lesen, gelangen wir unweigerlich zu der Feststellung, dass die Frau nicht weniger als der Höhepunkt der Schöpfung Gottes ist, ein einzigartiges Porträt seines Ebenbilds.

Während Adam schlief, schuf Gott keine Sekretärin oder Pförtnerin, kein Haustier und keine Dienstbotin für ihn. Er schuf eine Person, die seine schmerzende Einsamkeit heilen würde, ein Wesen, das sich so tief mit ihm verband, dass die beiden eine ganz außergewöhnliche Einheit bildeten.

Sowohl in Ihrem Mann als auch in Ihnen selbst spiegelt sich das Bild Gottes – Sie beide sind Partner in einem

Tanz. Gott offenbart sich nicht in einer geschlechtsneutralen Unisex-Schöpfung, sondern in einer Schöpfung, die von Geschlechtlichkeit erfüllt ist – in der ein Ehepaar frei ist, ganz Mann und ganz Frau zu sein.

Die Heilige Schrift lädt uns ein, Gottes Spiegelbild in unserer Männlichkeit und Weiblichkeit zu entdecken in einer von Leidenschaft erfüllten Beziehung zwischen einem Ehemann und einer Ehefrau. Die Ehe ist ein Bild für die felsenfeste Zuverlässigkeit und Stärke Gottes, gepaart mit seiner Schönheit und Anziehungskraft. Er ist der verborgene Schatz, den wir anbeten und den wir suchen. Psalm 62 deutet dieses von Geschlechtlichkeit erfüllte Wesen Gottes an:

Eines hat Gott geredet, ein Zweifaches habe ich gehört:
Gott allein ist mächtig, und du, Herr, bist gnädig.
Psalm 62,12-13; Luther 1984

Die erstaunlichen Unterschiede zwischen Mann und Frau bringen uns manchmal zum Lachen und manchmal zur Verzweiflung. Doch die Bibel macht deutlich, dass diese Unterschiede kein Zufall sind. Sie sind das Geschenk, das ein guter Gott für uns vorgesehen hat.[12]

Vor nicht allzu langer Zeit hielt Mark eine Trauung, in der er persönliche Worte an die Braut und den Bräutigam richtete. Als er zur Braut sagte: „Jenny, du bist Gottes Geschenk für Michael“, da lachte die junge Frau laut auf. Selbst in diesem aufregenden Moment überraschte es sie, dass sie für irgendjemanden ein „Geschenk Gottes“ sein könnte.

Eine Frau, die nicht weiß, wer sie ist, gibt sich in ihrer Ehe mit viel weniger zufrieden als mit dem Besten, das Gott ihr schenken will. Sie ist Gottes Geschenk für ihren Mann

– das Ebenbild Gottes. Ohne dieses Wissen kann sie zu der Überzeugung gelangen, dass es sich für niemanden lohnt, um sie zu kämpfen. Sie wird meinen, dass sie die schlechte Behandlung durch ihren Ehemann verdient hat. Und sie wird den großen Traum aufgeben, einen Mann zu lieben, der sich über sie freut.

Hilf mir!

Der Mensch betrachtete die Tiere und benannte sie. Für sich selbst aber fand er niemanden, mit dem er leben konnte und der zu ihm passte. Da ließ Gott, der Herr, einen tiefen Schlaf über ihn kommen, entnahm ihm eine Rippe und verschloss die Stelle wieder mit Fleisch. Aus der Rippe formte er eine Frau und brachte sie zu dem Menschen.

1. Mose 2,20b-22

Eva wird als diejenige geschaffen, die Adam helfen kann und zu ihm passt. Ich muss gestehen: Als ich diese Stelle im Schöpfungsbericht das erste Mal las, schien es mir, als ob Eva eine Art zweitklassigen Status bekommen hätte und die eigentliche Geschichte mit Adam fortgeschrieben wurde. Eva mochte zwar schön sein, aber sie blieb immer im Hintergrund, kochte für den eigentlichen Star der Szene und räumte hinter ihm auf.

Doch als ich mich im Lauf der Jahre intensiver mit dem Schöpfungsbericht beschäftigte, bot sich mir ein ganz anderes Bild. Fasziniert entdeckte ich, dass dieses bestimmte Wort, das wir mit „helfen“ übersetzen, in der Bibel fast immer gebraucht wird, um Gott zu beschreiben (und der spielt im Universum ganz bestimmt keine geringe Rolle, oder?).

Nach Kains Geburt sagte Eva: *„Mithilfe des Herrn habe ich einen Sohn geboren!"* (1. Mose 4,1) Und viele Jahrhunderte später rief König David aus: *„Verbirg dich nicht vor mir, stoße mich nicht im Zorn zurück! Ich diene dir, und du hast mir bisher immer geholfen."* (Psalm 27,9)

In 5. Mose 33,26-27 erhalten wir ein noch klareres Bild davon, wie Hilfe aussieht: *„Kein Gott gleicht dem Gott, der Israel liebt. Majestätisch fährt er am Himmel dahin und kommt mit den Wolken euch zu Hilfe. Er, der ewige Gott, breitet seine Arme aus, um euch zu tragen und zu schützen. Er hat eure Feinde besiegt."*

Im Neuen Testament wird der Heilige Geist im Johannesevangelium mit einem griechischen Wort bezeichnet, das manchmal mit „Helfer" übersetzt wird.[13] Die Herabwürdigung, die wir mit diesem Wort verbinden, ist in diesem Zusammenhang völlig unzutreffend. Ein „Helfer" ist in der Bibel jemand, der zur Rettung kommt, und zwar gerade noch rechtzeitig.

In einigen Jahren hatte Bobbie in Roberts Leben genau diese Rolle inne. Sechs Jahre lang hatten die beiden darum gekämpft, ihr Unternehmen am Leben zu erhalten, das noch ein paar Jahre zuvor ein Traum gewesen war, der in Erfüllung ging. Doch in jenem Februar erhielt Robert einen niederschmetternden Anruf von seiner Bank, die ihm mitteilte, dass seine Firma gepfändet worden war. Plötzlich standen sie vor der Situation, ihr Unternehmen schließen und sechzehn Mitarbeiter ohne weitere Gehaltszahlung und ohne Zukunftsperspektive entlassen zu müssen. Da sie bereits ihr eigenes Haus mit einer Hypothek belastet hatten, besaßen sie auch keinerlei Eigenkapital mehr. Roberts Selbstvertrauen geriet durch all das verständlicherweise ins Wanken.

Am nächsten Tag gab es unzählige Dinge zu regeln, und da trat Bobbie in Aktion. Wie ein mutiger Krieger benutzte sie die einzigen Waffen, die ihr zur Verfügung standen – ihre Zeit, ihr Mitgefühl und ihre Worte. Nachdem den Angestellten mitgeteilt worden war, dass es keine Arbeit mehr für sie gab, umarmte Bobbie sie alle und weinte mit ihnen. Als die Büromöbel in einen Lastwagen verladen wurden, standen Robert und Bobbie in erschüttertem Schweigen beieinander. Danach saßen sie auf dem Teppichboden der einst so schönen Büroräume des Unternehmens und hatten nichts mehr außer dem Telefon. Da fing Bobbie an, die Kunden anzurufen. Bevor sie die jeweilige Nummer wählte, betete sie für die Person, die den Anruf entgegennehmen und erfahren würde, dass die Wolgemuths ihr Unternehmen hatten abwickeln müssen. Nach jedem Gespräch erstattete sie Robert ruhig und gefasst Bericht. Zuversichtlich und freundlich setzte sie ihre Rettungsaktion fort, bis jeder Kunde und jeder Lieferant unterrichtet war.

Wenn der Mann mit dem Rücken zur Wand steht, ist seine Frau wie die Kavallerie, die über den Hügel galoppiert kommt. Sie ist Superwoman, sie ist die tapfere Amazone, die dem zu Hilfe eilt, der sich selbst nicht mehr helfen kann. Die Frau ist die Eine, die stark genug ist, an ihren Mann zu glauben, wenn er zu schwach ist, um an sich selbst zu glauben. Und tatsächlich: Es gibt nur wenige Bibelstellen, in denen der Begriff „Helfer“ sich nicht auf Gott bezieht. An diesen Stellen beschreibt „Helfer“ immer einen Krieger, der anderen in der Schlacht das Leben rettet.

Wenn wir unsere Rolle als Helferin annehmen, hält uns das jedoch nicht davon ab, auch ein eigenes Leben zu führen. Sehen wir uns doch einmal an, wie die Bibel sich eine ideale

Frau vorstellt. In Sprüche 31 wird beschrieben, womit sie ihre Zeit verbringt:

- Sie führt ein Import-Export-Unternehmen (31,13-14)
- Sie hat Angestellte (31,15)
- Sie ist im Immobiliengeschäft tätig (31,16)
- Sie erwirtschaftet aus ihren Investitionen Gewinne (31,16)
- Sie pflanzt einen Weinberg (31,16)
- Ihr Unternehmen wirft Gewinne ab (31,18)
- Sie versorgt die Armen und Bedürftigen (31,20)
- Sie stattet ihr Haus schön aus (31,22)
- Sie zieht sich gut an (31,22)
- Sie vertreibt ihre Produkte (31,24)
- Sie unterrichtet (31,26)
- Sie führt einen Haushalt (31,27)
- Ihr Erfolg bringt ihr Anerkennung ein (31,31)

All das bringt die Frau zustande, weil sie die Initiative ergreift. Interessanterweise steht hinter jeder Sprüche-31-Frau ein Sprüche-31-Mann, der genug Selbstbewusstsein hat, um sich durch den Erfolg seiner Frau nicht gefährdet zu sehen.

Ihr Mann braucht Sie als Helferin. Vielleicht weiß er das nicht, und vielleicht gibt er es auch nicht zu. Aber er braucht Sie.

Ist Unterordnung wirklich ein Unwort?

Ordnet euch einander unter; so ehrt ihr Christus.
Ihr Frauen, ordnet euch euren Männern unter,
so wie ihr euch dem Herrn unterordnet.
Ihr Männer, liebt eure Frauen so, wie Christus
seine Gemeinde liebt, für die er sein Leben gab.
Ein Mann soll seine Frau so lieben wie sich selbst.
Und die Frau soll ihren Mann achten.

Epheser 5,21-22; 25; 33

Als ich Mark erzählte, dass Bobbie und ich das Thema „Unterordnung" in diesem Kapitel ansprechen wollten, hob er die Augenbrauen und setzte dieses verschmitzte Grinsen auf, das er mir immer zeigt, wenn er der Meinung ist, dass ich mich übernehme. Wir haben beide schon erlebt, wie dieses Thema zu Kontroversen führen kann. In den Augen unserer Hauskreis-Teilnehmer sahen wir den Zorn aufblitzen, wenn wir auch nur das Wort erwähnten. Die Abwehrhaltung ist schneller da, als das Raumschiff Enterprise seine Schutzschilde hochfahren kann.

Wir sind aber trotzdem überzeugt, dass ein biblisches Verständnis von Unterordnung der Schlüssel ist, um eine wirklich gelungene Ehe zu erleben. Doch bevor wir diesen Schlüssel benutzen können, müssen wir erst einmal verstehen, was die Heilige Schrift damit meint, wenn sie die Frauen auffordert, sich ihren Männern unterzuordnen. Obwohl es in diesem Bereich zahlreiche Missverständnisse und unterschiedliche Meinungen gibt, können wir gewiss sagen, dass die Bibel mindestens zweierlei damit meint:

1. Unterordnung beruht auf Gegenseitigkeit

In Epheser 5 wird die wichtigste Rolle für Mann und Frau festgelegt: *„Ordnet euch einander unter.“* (Vers 21) Hier hat Unterordnung überhaupt nichts mit dem Geschlecht zu tun. In der von Männern dominierten Gesellschaft, in der Paulus lebte, war allein der Gedanke, dass ein Mann sich jemals seiner Frau unterordnen könnte, schon anstößig. Doch Paulus hatte etwas Bestimmtes im Sinn. In Wahrheit ordnet sich nämlich jeder erwachsene Mensch irgendetwas unter – ob der Wahrheit, der Liebe, Gott, einer Beziehung oder dem Vorstand des Unternehmens.

Tatsächlich kann ohne Unterordnung keine Beziehung gelingen. Die besten Ehen, die wir kennen, leben von einer Art umgekehrtem Wettkampf, in dem es darum geht, wer dem anderen am schnellsten den Sieg überlassen kann.

2. Unterordnung beruht auf Freiwilligkeit

Paulus weist die Männer nicht an, ihre Frauen zur Unterordnung zu bringen. Sein Gebot besagt eigentlich genau das Gegenteil. Statt den Männern zu sagen: „Weist eure Frauen zurecht“, fordert er sie ganz einfach nur auf, ihre Frauen zu lieben, und zwar so radikal und aufopfernd, *„wie Christus seine Gemeinde liebt“*. Männer, die von ihren Frauen die Unterordnung verlangen, haben überhaupt nicht verstanden, worum es geht. Die Unterordnung kann für die Ehe nämlich nur dann etwas Gutes bewirken, wenn sie freiwillig geschieht und ohne Zwang.

Das biblische Modell der Unterordnung sieht so aus: Es ist die freiwillige Entscheidung einer Frau, sich ihrem Mann in aller Freiheit unterzuordnen, und die Bereitschaft des Mannes, sich seiner Frau in Liebe unterzuordnen. Beobachten Sie doch einmal Paare, die eine glückliche Ehe führen, und Sie werden feststellen, dass hier ständig eine freiwillige Unterordnung stattfindet:

- Die Frau akzeptiert es dankbar, wenn ihr Mann vorschlägt, das Familien-Budget zu kürzen; der Mann akzeptiert dasselbe von seiner Frau.
- Der Mann nimmt einen Umzug in eine andere Stadt in Kauf, weil seine Frau dort eine einzigartige berufliche Chance erhält; die Frau ist ebenfalls bereit, wegen der beruflichen Karriere ihres Mannes umzuziehen.
- Die Frau begleitet ihren Mann zu einem Sportereignis und verzichtet auf ihren gemütlichen Sessel und den spannenden Roman; der Mann geht mit seiner Frau in ein Konzert, weil sie die Eintrittskarten besorgt hat.
- Der Mann sieht sich eine romantische Komödie im Kino an statt eines Actionfilms; ebenso kommt seine Frau mit ihm mit, wenn er einen Film ausgesucht hat.
- Die Frau tankt den Wagen voll, anstatt es von ihrem Mann zu erwarten; der Mann fährt mit dem Auto seiner Frau zur Tankstelle.

Mark und ich haben eine Übereinkunft, die ungefähr so lautet: „Wenn wir uns festgefahren haben und uns nicht einigen können, was wir tun sollen, dann möchte ich, dass du gewinnst.“ Durch dieses freiwillige Nachgeben gewinnt auf jeden Fall die Ehe.

Was Unterordnung nicht ist

Nachdem wir uns darüber geeinigt haben, was Unterordnung bedeutet, ist es wichtig, uns auch klarzumachen, was Unterordnung *nicht* bedeutet:

1. Unterordnung macht die Frau nicht zu einer passiven Spielfigur

Unterordnung im Sinne der Bibel heißt nicht, dass eine Frau ihre Leidenschaften, ihre Träume, ihre Meinung oder ihre Identität aufgibt, um dem Mann zu gefallen. Wenn Ihr Mann wegen eines Jobangebots ans andere Ende des Landes ziehen will und Sie sich damit nicht wohlfühlen, dann sagen Sie es ihm. Sprechen Sie Ihre Bedenken offen aus. Teilen Sie ihm genau mit, wie Sie sich fühlen und warum. Reagieren Sie nicht mit einem passiven „Was immer du wünschst, Schatz“ und geben Sie nicht vor, einer Meinung mit ihm zu sein, denn das ist kein angemessener Ausdruck der Unterordnung. Es ist unehrlich.

Vor ein paar Jahren mussten Mark und ich eine Entscheidung treffen und gerieten dabei in eine Pattsituation. Es waren ausstehende Rechnungen zu bezahlen, und zwar solche, die nicht unbedingt eilig waren – also keine Kredite, bei denen Zinsen gefordert werden, sondern eher so etwas wie von Familienmitgliedern geliehene Beträge und Ähnliches. Normalerweise gehört das Bezahlen von Rechnungen zu meinen Aufgaben, doch eines Tages beschloss Mark, dass wir einen

Schritt voran tun und diese ausstehenden Beträge bezahlen sollten, auch wenn wir dafür unsere Ersparnisse angreifen mussten. Ich war nicht wirklich davon überzeugt, dass dies klug wäre. Ich erklärte Mark, dass wir in den nächsten zwei Monaten zusätzliches Geld bekommen würden. Ich erinnerte ihn daran, dass wir es doch eigentlich vermeiden wollten, so knapp bei Kasse zu sein. Eindringlich bat ich ihn, mit dem Bezahlen der Rechnungen noch zu warten. Doch nachdem ich meine Meinung gesagt hatte, schloss ich mit den Worten: „Aber ich vertraue dir. Und ich werde dich unterstützen, ganz egal, wie du dich in dieser Frage entscheidest."

Wir bezahlten die Rechnungen. War das richtig? Vielleicht. Gab ich Mark gegenüber nach, weil er „der Herr im Haus" ist? Nein. Es kommt sogar oft vor, dass Mark sich mir gegenüber genauso verhält – mutig und opferbereit beendet er eine Meinungsverschiedenheit, bevor sie zum Streit werden kann. In diesem Fall aber vertraute ich ihm einfach die endgültige Entscheidung an. Auf diese Weise laden wir einander ein, zu gereiften und liebevollen Persönlichkeiten zu werden.

2. Unterordnung verlangt niemals, dass die Frau Misshandlungen duldet

Nun werden Sie vielleicht einwenden: „Klar, eine gegenseitige und freiwillige Unterordnung ist sinnvoll. Doch wie ist es, wenn eine Frau in der Ehe misshandelt wird? Verlangt die Bibel auch dann von ihr, dass sie sich ihrem Mann unterordnet, wenn er sie mit Beschimpfungen oder körperlicher Gewalt zerstört?"

Genau diese Frage stellte mir vor ein paar Jahren auch

Jasmin, mit der ich mich zum Mittagessen getroffen hatte. Sie und Frank waren noch keine sechs Monate verheiratet gewesen, als sie aus der gemeinsamen Wohnung auszog. Ich musste schlucken, als ich ihre Geschichte hörte.

Sie krempelte einen Ärmel hoch und zeigte mir die blauen Flecken – eine Verletzung, die schon mehrere Monate zurücklag. Dann fragte sie mich, ob ich ihre Entscheidung, die Wohnung zu verlassen, befürwortete.

Die Tränen stiegen mir in die Augen, als ich Jasmin ins Gesicht sah und ihr antwortete: „Liebe verlangt nicht von Ihnen, dass Sie sich zur Komplizin des zerstörerischen Verhaltens machen, das Ihr Mann an den Tag legt. Sie haben richtig gehandelt. Nun müssen Sie ihn klar und deutlich mit folgender Botschaft konfrontieren: Ich liebe dich, aber das hier kann ich nicht akzeptieren. Wenn er sein Verhalten nicht sofort ändert, dann ist das Liebevollste, was Sie tun können, die Trennung." Ich gab ihr die Adressen von mehreren christlichen Ärzten und Beratern, die auf Missbrauch spezialisiert waren.

Wenn Sie selbst oder jemand aus Ihrem Bekanntenkreis es mit einem Ehemann zu tun haben, der körperliche, verbale oder emotionale Gewalt ausübt, der alkohol- oder pornoabhängig ist, fremdgeht oder irgendein anderes zerstörerisches Verhalten zeigt, dann holen Sie sich Hilfe. Sie sollten sich dem auf keinen Fall fügen. Das ist keine Unterordnung. Im Gegenteil: Die Liebe erfordert, dass Sie sich selbst und das Eheversprechen, das Sie gegeben haben, schützen.

Wie im Tanz

In unserem Badezimmer hängt ein Bild von zwei Tänzern, die einander im Arm halten. Es ist ein Gemälde von Renoir, das den Titel trägt: „Tanz auf dem Land". Ein bärtiger junger Mann hält seine strahlende Partnerin im Arm. Ich habe den Eindruck, dass er ihr gerade etwas ins Ohr geflüstert hat, das sie äußerst charmant oder lustig findet.

Als Mark und ich uns im Lauf der Jahre immer wieder einmal über die Rolle unterhielten, die jeder von uns in unserer Ehe einnimmt, fiel uns kein besserer Vergleich ein als unser „Tanz auf dem Land". Wir können nicht gut miteinander tanzen, wenn wir uns nicht aufeinander einstellen. Und wir werden die Musik nie genießen können, solange wir uns allzu sehr auf die unbeugsamen Regeln des Tanzens konzentrieren. Der Walzer sieht immer dann am schönsten aus, wenn unsere Bewegungen flüssig und elegant sind – manchmal macht Mark einen Schritt nach vorne, und ich folge ihm; manchmal gebe ich das Tempo vor.

Gute Ehen sind wie ein schöner Tanz, und alle, die bereit sind, sich leichtfüßig miteinander zu bewegen, werden die größte Freude daran haben.

Tipp Nr. 5:

Leben Sie die Rollenverteilung in Ihrer Ehe wie einen Tanz. Üben Sie sich darin, dass Sie und Ihr Mann sich einander freiwillig unterordnen.

6. Kommunikation:

Hat jemand auf stumm geschaltet?

Ihr schaut uns an mit einem von diesen 250.000 Gesichtsausdrücken, die ihr Frauen haben könnt, stemmt die Hände in die Hüften und sagt: „Wann kapierst du endlich, was jetzt dran ist?" Aber viele Männer haben einfach keine Ahnung, was dran ist.

Gary Smalley, *The Hidden Value of a Man*

Bei ihrem ersten Beratungsgespräch mit uns konnten Charlie und Miriam kaum die Hände voneinander lassen. Sie rückten ihre Stühle so nah wie möglich zusammen. Dann erzählten sie, wie gern sie Zeit miteinander verbrachten, wie unbeschwert sie sich unterhalten konnten, wie wohl sie sich in Gegenwart des anderen fühlten. Mark und ich fanden es erfrischend, wie offen die beiden ihre Zuneigung zeigten.

Wir kamen auf das Thema Kommunikation in der Ehe zu sprechen. Als wir ihnen erklären wollten, welche Herausforderungen in diesem Bereich wahrscheinlich auf sie zukämen, starrten sie uns ungläubig an. Sie machten ein Gesicht, wie man es vielleicht bei einem Fußballnationalspieler sehen würde, wenn meine Mutter ihm ein paar Tipps für gute Pässe geben wollte. Die beiden Turteltauben machten uns deutlich, dass diese Informationen wohl eher für andere Paare wichtig wären, nicht aber für sie.

„Wir wissen eure Sorge um uns ja sehr zu schätzen", unterbrachen sie uns höflich, „aber auf diesem Gebiet brauchen wir wirklich keine Hilfe."

In diesem Moment musste ich an *Starwars* denken, an das Versprechen, das Meister Yoda dem jungen Luke Skywalker gab. Dieser sagt nämlich während seiner Ausbildung bei dem erfahrenen Jedi-Ritter: „Aber Meister Yoda, ich habe keine Angst."

Yoda neigt seinen Kopf langsam zur Seite und heftet den Blick auf seinen jungen Schüler, während er ihm antwortet: „Doch. Du wirst Angst haben. Du wirst Angst haben!"

Die allermeisten Paare, die wir beraten haben, hatten kaum Probleme mit der Kommunikation – zumindest nicht vor der Ehe. In der Phase des Verliebtseins fällt uns das Gespräch miteinander so leicht, als ob man von einem Sprungbrett ins Wasser springt. Die Schwerkraft zieht uns automatisch in die richtige Richtung, und wir müssen keine Kraft aufwenden, um dorthin zu gelangen, wohin wir wollen. In dieser Phase fällt es Paaren leicht, sich miteinander zu unterhalten. Doch nach der Hochzeit fühlt es sich eher so an, als ob man im tiefen Wasser schwimmt. Wir bleiben nur dann oben, wenn wir uns anstrengen.

Eine Frau beginnt ihre Ehe mit der festen Überzeugung, dass ihr Mann sie perfekt ergänzt. Doch schon im ersten Jahr findet sie sich plötzlich in einer Art Schockzustand wieder, weil sie feststellen muss, dass selbst einfache Gespräche mit dem Mann, den sie für ihren Seelenverwandten hielt, immer schwieriger werden. Und wenn sich der perfekte Frauenversteher plötzlich in jemanden verwandelt, der von nichts eine

Ahnung hat, kommt es der jungen Frau so vor, als habe jemand sämtliche Spielregeln geändert, ohne ihr Bescheid zu sagen.

Es gibt nur wenige Bereiche, in denen die Unterschiedlichkeit von Mann und Frau so stark zum Tragen kommt wie in Gesprächen. Zwar trifft nicht jede stereotype Beschreibung auf jeden Mann zu, aber es gibt doch bestimmte Eigenschaften, die den Kommunikationsstil vieler Männer zutreffend beschreiben. Wenn Sie sich im ersten Ehejahr mit diesen vertraut machen, kann Ihnen das viele Jahre der Frustration ersparen.

Ist Taubheit vom Geschlecht bestimmt?

Man muss nicht lange suchen, um Klagen und Witze darüber zu finden, dass Männer anscheinend nie zuhören. C. S. Lewis hat einer seiner Romanfiguren folgenden Satz in den Mund gelegt: „Männer sind so geschaffen, dass man mit ihnen redet. Das hilft ihnen, sich auf das zu konzentrieren, was sie gerade lesen.“[14] Etwas aktueller sind die Worte eines christlichen Autors, die keinem Roman entnommen sind: „Männer, hört euren Frauen zu. Frauen, sagt euren tauben Männern die Wahrheit in Liebe.“[15] Sogar Jane Austen hat in *Verstand und Gefühl* festgestellt: „Zwischen Liebenden ist kein Thema und kein Gespräch wirklich ausgeschöpft, wenn es nicht mindestens zwanzig Mal durchgegangen wird.“[16]

Ich hoffe, Sie verstehen mich richtig: Ein Ehemann hat die Aufgabe, seine Frau glücklich zu machen, ihr zuzuhören und ihre Bedürfnisse zu erfüllen. Und die meisten haben sich genau das vorgenommen, als sie geheiratet haben. Warum aber können diese Männer ihre guten Vorsätze nicht in die

Tat umsetzen, wenn es darum geht, mit ihrer Frau zu kommunizieren?

Stellen Sie sich einmal folgende Szene vor: Ihr Mann hat sich verfahren. Entgegen seiner Natur gesteht er sich ein, dass er Hilfe braucht, und beschließt, nach dem Weg zu fragen. (Ich weiß, das hier ist kein Roman, aber lesen Sie bitte trotzdem weiter.) Da sieht er einen Mann, der in dem Wohngebiet mit seinem Hund spazieren geht.

Ihr Mann fährt rechts ran, kurbelt das Fenster herunter und fragt: „Entschuldigung, können Sie mir sagen, wie ich in die Innenstadt komme?"

Doch anstatt zu antworten, geht der andere Mann einfach weiter.

Ihr Mann vermutet, dass der Fußgänger ihn nicht gehört hat. Also fährt er hinterher und spricht ihn wieder an – dieses Mal lauter: „Hallo! Ich habe mich verfahren! Können Sie mir weiterhelfen?"

Der Spaziergänger starrt ihn an, öffnet den Mund, als ob er etwas sagen wollte, dann zuckt er mit den Schultern und geht weiter. Das gefällt Ihrem Mann nun gar nicht.

Schließlich steigt er aus, geht dicht auf den Fremden zu und fragt ihn ein drittes Mal nach dem Weg. Der Fremde sieht, wie verärgert Ihr Mann ist, und sofort beginnen die Worte aus seinem Mund zu sprudeln. Doch Ihr Mann versteht überhaupt nichts. Warum? Weil der andere Chinesisch spricht.[17]

Wenn wir erst einmal gemerkt haben, dass das Objekt unseres Zorns uns überhaupt nicht verstehen kann, dann macht unser Ärger auch gar keinen Sinn mehr, oder? Dennoch verfangen sich Eheleute oft in Verhaltensmustern voller Zorn und Wut, die aus einem ganz ähnlichen Problem entstanden sind. Es ist, als ob wir zwei völlig verschiedene Sprachen sprechen. Ob man es nun „Mars und Venus“ nennt, „seine Bedürfnisse und ihre Bedürfnisse“ oder verschiedene „Sprachen der Liebe“ – auf jeden Fall scheinen die Experten sich einig zu sein, dass Männer und Frauen auf sehr verschiedene Art und Weise kommunizieren. Weil Sie und Ihr Mann dasselbe Vokabular und dieselbe Grammatik benutzen, meinen Sie: Wenn Sie an Ihren Mann eine Botschaft senden – die Sie verstehen –, dann wird er diese Botschaft genau so auffassen, wie Sie es gemeint haben.

Missverständnisse zwischen Mann und Frau entstehen nicht nur in Konfliktsituationen. Sie passieren die ganze Zeit über, vor allem bei Paaren, die sich nie bewusst gemacht haben, dass sie zwei verschiedene Sprachen sprechen. Betrachten wir einmal folgendes fiktive Gespräch:

Frau: „Du nimmst mich nie mehr in den Arm. Du weißt doch, wie traurig ich heute Morgen war, nachdem ich das von meiner Mutter gehört habe. Ich hätte es gebraucht, dass du mich in den Arm nimmst, aber du bist mir aus dem Weg gegangen.“

Mann: „Ich habe gedacht, dass du etwas Abstand brauchst. Woher soll ich wissen, dass du dir eine Umarmung wünschst? Wenn du das möchtest, warum sagst du es mir dann nicht?“

Frau: „Genau das ist es ja: dass ich dich darum bitten muss. Du weißt doch, wie sehr ich Zärtlichkeit brauche. Bevor wir geheiratet haben, ist es dir doch auch nicht schwergefallen, mir deine Zuneigung zu zeigen. Und jetzt muss ich erst einen Antrag ausfüllen, bevor du auch nur meine Hand hältst.“

Mann: „Da haben wir's wieder. Wenn ich dich nicht umarme, bekomme ich Ärger. Und wenn ich dir anbiete, dich zu umarmen, bekomme ich auch Ärger. Egal was ich mache, du bist nie zufrieden."[18]

Hier ist das, was gemeint war, offensichtlich nicht vollständig angekommen, oder? Die Frau möchte eigentlich zum Ausdruck bringen, dass sie ihrem Mann gerne nah ist und sehr glücklich wäre, wenn er sie öfter in den Arm nehmen würde, vor allem, wenn sie durch schwere Zeiten geht. Was ihr Mann aber hört, ist das: Er bekommt Ärger, wenn er nicht die Gedanken seiner Frau lesen kann. Sie können daraus Folgendes lernen: Wenn Sie bei Ihrem Mann ein Anliegen vorbringen, wird er typischerweise eine von zwei Schlussfolgerungen ziehen:

1. Sie wollen, dass er das Problem löst (was bedeutet, dass er Ihnen Ratschläge gibt), oder:
2. Er wird von Ihnen angegriffen (was zu einer Verteidigungshaltung führt).

Das sind seine beiden Standardreaktionen.

Bringen wir es auf den Punkt: Irgendwie hätten wir es schon gerne, dass unsere Männer unsere Gedanken lesen. Wie schön wäre es doch, wenn Mark immer genau wüsste, was er für mich tun kann, ohne dass ich es ihm sagen müsste! Aber es ist nötig, dass ich es ihm mitteile.

Der Mann in unserem Dialog bringt Folgendes zum Ausdruck: Er liebt seine Frau, und er würde sie gern in den Arm nehmen oder ihr Freiraum geben oder sonst etwas tun, was sie braucht. Aber er weiß nicht immer, was sie von ihm will. Er bittet sie darum, sich ihm gegenüber klarer auszudrücken. Sie aber glaubt zu hören: Er liebt sie nicht mehr so wie früher.

Taubheit gehört nicht zur genetischen Ausstattung Ihres Mannes. Er ist nur darauf angelegt, die Dinge anders zu hören, als Sie es beabsichtigt haben. Doch eine unterschiedliche Sprache muss ja keinen Keil zwischen Sie beide treiben. Wenn Sie schon einmal einen Gast zum Essen eingeladen haben, der nur wenig Deutsch kann, dann wissen Sie, was ich meine. Wir haben schon mit Leuten zusammen an einem Tisch gesessen, die unsere Sprache genauso wenig kannten wie wir ihre. Am Anfang ist die Unterhaltung schwierig, doch am Ende des Abends haben wir uns aufeinander eingestellt; wir hören intensiv zu, um den anderen zu verstehen, und lachen über uns selbst, wenn wir uns mit Händen und Füßen zu verständigen suchen.

Die Kommunikations-Unterschiede zwischen Ihnen und Ihrem Mann können Sie beide in einen kalten Krieg der Missverständnisse befördern. Sie können Sie aber auch enger zusammenschweißen und Sie dazu bringen, einander zu lieben und miteinander zu lachen bei Ihren Bemühungen, einander immer besser zu verstehen.

Beziehungs-Demenz

Was ist bloß geschehen? Das fragte sich Tina neun Monate nach ihrer Hochzeit. In den drei Jahren davor, in denen sie mit Walter befreundet gewesen war, hatten sie ohne Mühe stundenlang miteinander geredet. Doch jetzt schien das alles so mühsam zu sein.

Schließlich fragte sie ihren Mann: „Was ist passiert? Ich dachte, wir könnten das!"

Walter traf instinktiv ins Schwarze, als er ihr scherzhaft zur Antwort gab: „Vielleicht haben wir vergessen, wie es geht."

So ist es bei den meisten Paaren. Monate-, vielleicht sogar jahrelang führen wir als Liebespaar unglaublich tolle Gespräche miteinander. Doch kaum sind wir ein paar Monate oder Jahre verheiratet, entwickelt sich bei uns eine Art „Beziehungs-Demenz". Wir vergessen ganz einfach, wie wir uns früher unterhalten haben, und eignen uns Gesprächs-Muster an, die für beide unbefriedigend sind. Wenn es Ihnen genauso geht, dann können zwei Grundsätze Ihnen dabei helfen, diese Demenz zu überwinden:

1. Erinnern Sie sich an die kleinen Dinge, die Sie sagten und taten, als Ihre Beziehung noch neu war.
2. Wiederholen Sie diese Worte und dieses Verhalten, indem Sie bewusst das sagen und tun, was Ihnen damals, als Sie befreundet waren, so leichtfiel.

Fast ausnahmslos suchen wir im Gespräch mit unserem Mann danach, sein Herz kennenzulernen. Für die meisten Frauen war es genau das, was bei ihnen zu der Überzeugung führte, den „Richtigen" gefunden zu haben: dass dieser Mann ihnen Einblick in sein Innenleben gab und ihnen Dinge erzählte, die er sonst niemandem sagte.

Man kann ohne Übertreibung feststellen: Die Frau sehnt sich ebenso sehr danach, die Seele ihres Mannes kennenzulernen, wie der Mann sich danach sehnt, den Körper seiner Frau kennenzulernen. Und so wie Ihr Mann bestimmte Dinge tun kann, um Sie sexuell so richtig in Fahrt zu bringen, so können auch die Worte, die Sie aussprechen, die Tür zur Seele Ihres Mannes entweder öffnen oder zuschlagen.

Die Türöffner zur Seele Ihres Mannes

Wenn Sie die Herzenstür Ihres Mannes öffnen möchten, dann haben wir ein paar Hilfsmittel für Sie, die wir „Türöffner zur Seele Ihres Mannes" genannt haben.

Türöffner 1: Klarheit in der Kommunikation

Der oben geschilderte Dialog, in dem die Frau sich beschwerte, so selten in den Arm genommen zu werden, endet sowohl für den Mann als auch für die Frau frustrierend – beide sind nicht in der Lage, das zu vermitteln, was sie wirklich sagen wollen. Natürlich ist es für die Frau sonnenklar, was ihr Mann hätte tun sollen. Er hätte selbst darauf kommen sollen, dass er ihr mit einer Umarmung Trost spenden konnte, als sie die Nachricht über ihre Mutter erhielt.

Sie gehen vielleicht automatisch davon aus, dass Ihr Mann Ihre Bedürfnisse versteht, ohne sie von Ihnen mitgeteilt zu bekommen. Doch mein Rat hierzu lautet: Verlassen Sie sich nicht darauf! Eine Frau, die darauf wartet, dass ihr Mann von selbst herausfindet, was sie von ihm braucht, kann unter Umständen lange warten.

Schon früh in unserer Ehe erkannte Mark, dass ich nicht unbedingt einen Rat von ihm wollte, wenn ich mit einem Problem zu ihm kam. Manchmal brauchte ich es nur, dass er mir zuhörte. Also lernte er zuzuhören und teilte mir selten seine Meinung mit. Doch dann entdeckten wir – auf einem nicht gerade einfachen Weg –, dass mir Marks Zuhören nicht immer genügte. Manchmal hätte ich es nämlich ganz gerne gehabt, dass er mit ein paar Vorschlägen kam, und manchmal wäre es mir am liebsten gewesen, wenn er eine Entscheidung getroffen hätte. Doch Mark lag mit seiner Reaktion fast immer falsch – ganz nach Murphys Gesetz: Wenn er nur zuhören sollte, gab er mir Ratschläge; wenn ich seine Meinung hören wollte; schwieg er; und wenn ich von ihm am liebsten eine Entscheidung gehabt hätte, schlug er mir verschiedene Alternativen vor.

Als Mark bemerkte, dass ich mir nicht immer dieselbe Reaktion von ihm wünschte, probierte er eine Lösung für unser frustrierendes „Übersetzungsproblem" aus. Er sagte ungefähr Folgendes: „Ist das einer der Fälle, in denen du meinen Rat möchtest, oder soll ich eine Entscheidung treffen, oder willst du, dass ich dir nur zuhöre?"

Seine Frage half mir, selbst Klarheit darüber zu gewinnen, was ich von ihm brauchte.

Nehmen wir eine typische Situation, nämlich die Frage, wohin ich gerne zum Essen gehen würde:

Mark: „In welches Restaurant würdest du heute Abend gern gehen?"

Ich: „Ich weiß nicht. Wo willst du denn hin?"

Denken wir daran: Mark möchte mir ganz einfach eine Freude machen, mich in ein Restaurant ausführen, das ich gerne mag. Ihm ist es egal, wo wir essen. Aber er befindet sich in einer Zwickmühle. Wie soll er reagieren?

Er könnte sagen: „Das ist mir ganz egal", aber vielleicht

habe ich keine Lust, mich entscheiden zu müssen, und hätte es lieber, wenn er das Restaurant auswählt.

Er könnte auch einfach einen Ort vorschlagen, aber er möchte ja dorthin, wo es mir gefällt.

Er könnte mir verschiedene Optionen nennen.

Oder er könnte den Abend allein planen und mich damit überraschen.

Doch inzwischen hat Mark gelernt, dass er eine Übersetzungshilfe braucht, bevor er diese einfache Frage beantwortet.

Mark: „Schatz, ist das einer dieser Fälle, in denen es dir recht wäre, wenn ich den Abend plane, damit du dir darüber keine Gedanken machen musst? Oder ist es einer der Fälle, in denen du ein ganz bestimmtes Restaurant im Sinn hast, das du gern besuchen würdest? Oder ist es einer der Fälle, in denen ich dir ein paar Vorschläge machen und dich dann das Gasthaus auswählen lasse?"

Ich: „Also, diesmal ist es einer der Fälle, in denen …"

So einfach – oder auch so absurd – das klingen mag, diese sieben Worte („Ist das einer dieser Fälle, in denen …") können Wunder wirken, sie können unser Übersetzungsproblem lösen und zu einer offenen und konstruktiven Unterhaltung mit unserem Mann führen.

So mancher Mann gibt das Gespräch mit seiner Frau auf, weil nach fast jeder Unterhaltung mit ihr das Gefühl zurückbleibt, sie nicht richtig verstanden zu haben. Folglich äußert er dann Sätze wie: „Ich kann eben nicht gut Gedanken lesen" oder: „Kommunikation ist halt nicht mein Ding."

Mark spielt so Golf, wie viele Männer es mit der Kommunikation halten: Schon recht bald kam er zu dem Schluss, dass er ein miserabler Spieler war – und dazu hatten ein paar Freunde beigetragen, die ihm ein wenig zu offen und ehrlich ihre Meinung gesagt hatten. Und nachdem er nach nur fünf Golfrunden zu dieser Erkenntnis gelangt war, raten Sie einmal, wie oft er danach noch spielte? Obwohl sich in seinem Freundeskreis viele begeisterte Golfspieler befinden, hat Mark in den letzten zehn Jahren kein einziges Mal mehr den Schläger in die Hand genommen.

Wenn ein Mann erst einmal zu der Überzeugung gelangt ist, dass er „nicht so gut darin ist", sich mit seiner Frau zu unterhalten, dann gibt er das Spiel der Kommunikation bald ganz auf. Doch der Türöffner „Klarheit in der Kommunikation" gibt Ihrem Mann das Gefühl zurück, erfolgreich zu sein, und trägt dazu bei, dass er gern weiter im Spiel bleibt.

Türöffner 2: Die Unterhaltung mithilfe des dritten Objekts

Überlegen Sie einmal, wie Männer typischerweise ihre Freundschaften aufbauen: Sie machen etwas zusammen – auf dem Sportfeld, am Pokertisch, auf der Baustelle, vor dem Fernseher, beim Missionseinsatz. Frauen dagegen bauen ihre Freundschaften einfach nur dadurch auf, dass sie miteinander reden. Gehen Sie einmal in ein Café, und Sie werden wissen, was ich meine. Zwei Frauen sitzen zusammen und brauchen für ihre Unterhaltung nichts außer einer Tasse Kaffee. Männer aber haben mit Sicherheit irgendetwas auf dem Tisch liegen – ihre Zeitung, den Terminplaner, den Laptop oder auch nur eine Serviette, auf der sie ihre Gedanken aufschreiben. Wenn Männer miteinander sprechen, gibt es fast immer ein drittes Objekt.

Mark hat einen guten Freund, der Pastor ist. Sie treffen sich mindestens einmal pro Woche für etwa eineinhalb Stunden und führen tolle Gespräche über die Familie, die Arbeit, ihre Ängste und ihr Versagen. Sie beten füreinander, ermutigen sich gegenseitig oder genießen einfach nur die Stille. Und das alles tun sie, während sie joggen. Daraus können Sie lernen: Wenn Sie während einer gemeinsamen Aktivität miteinander ins Gespräch kommen, kann das für Ihren Mann der Türöffner sein, um Ihnen mitzuteilen, was ihn wirklich bewegt. Da gute Gespräche so wichtig für Sie sind, machen Sie es sich also zur Aufgabe, mithilfe eines dritten Objekts eine Unterhaltung herbeizuführen. Wenn Ihr Mann am Samstagmorgen zu seinem Lieblings-Baumarkt fahren will, bieten Sie ihm an mitzukommen. Bei der Autofahrt oder während Sie zwischen den Regalen hindurchschlendern, wird sich ein Gespräch ganz automatisch ergeben.

Als Bobbies Mutter schon über 70 war, fand sie einen Weg, wie sie ihren oft sehr stillen Mann in gute Gespräche verwickeln konnte: Sie pachtete einen kleinen Garten. Zweimal in der Woche fuhren die beiden mit dem Fahrrad von ihrer Wohnung zu ihrer kleinen Gemüsefarm. Was dabei Gutes herauskam, war für Bobbies Mutter viel wichtiger als die Körbe voll mit prallen Tomaten oder frischen grünen Zuckerschoten.

Sie und ich finden den Weg zu tiefgründigen Unterhaltungen häufig durch ungesteuerte – unsere Männer würden sagen „unnütze“ – Gespräche. Lassen Sie mich das kurz erklären. Ihr Mann denkt: *Warum sollte sich meine Frau für die langweiligen Einzelheiten meines Arbeitstages interessieren? Sie will einfach nur höflich sein, indem sie nachfragt, also tue ich ihr den Gefallen, fasse mich möglichst kurz und verschwende nicht ihre Zeit mit nutzlosen, trivialen Dingen.*

Wenn Sie Ihren Mann also fragen, wie sein Tag war, gibt er Ihnen die Kurzversion, die in der Regel nicht länger als fünfzehn Sekunden in Anspruch nimmt. Sie aber fühlen sich verletzt und fragen sich, warum er sein Leben nicht mit Ihnen teilen will. Ihr Mann denkt, dass er Ihnen einen Gefallen tut, indem er Sie nicht mit Einzelheiten langweilt. Er muss aber lernen, dass eine leichte Unterhaltung – das Mitteilen von scheinbar unwichtigen Dingen – der direkteste Weg ist, Ihr Herz für ihn zu öffnen.

Türöffner 3:
Kopfkissen-Gespräche

Der dritte Türöffner – das Kopfkissen-Gespräch – kommt an einem bestimmten Ort zu einer bestimmten Zeit zum Einsatz, nämlich in Ihrem Schlafzimmer in den wenigen Augenblicken, bevor Sie abends schlafen gehen.

Mark ist ein Morgenmensch und ich bin eine Nachteule, aber hier haben wir etwas Gemeinsames. Das Kopfkissen-Gespräch läuft nicht immer nach demselben Muster ab, aber es setzt voraus, dass Sie mindestens an einem Abend in der Woche zur selben Zeit schlafen gehen.

Zunächst möchte ich aber klarstellen, was *nicht* in ein Kopfkissen-Gespräch gehört. Es ist nicht der Zeitpunkt, an dem Sie konfliktträchtige oder anstrengende Themen aufwerfen. Auch sonst empfehlen wir Paaren, schwierige Themen nicht nach 19:00 Uhr anzusprechen. Zwar habe ich zu dieser Frage noch keine Studien gelesen, doch ich bin der Überzeugung, dass die schlimmsten Konflikte spät am Abend entstehen, wenn die Gesprächspartner müde und leichter reizbar sind. Vermeiden Sie es also, Ihren Mann zu einer Konfliktlösung zu drängen, wenn Sie beide gerade eher am Tiefpunkt Ihrer Kräfte sind. Müssen Sie heikle Punkte ansprechen, dann lieber mit beiden Füßen auf dem Boden und Auge in Auge.

Kopfkissen-Gespräche sind auch nicht die richtige Gelegenheit, Romantisches zu thematisieren, bei dem man auf eine Reaktion hofft. Sie sind vielmehr ein Geschenk, das Sie Ihrem Mann aus freien Stücken geben und bei dem Sie nichts zurückerwarten. Sie können das schönste Kopfkissen-Gespräch ruinieren, indem Sie sagen: „Ich liebe dich so sehr" und dann auf eine Antwort warten, bei deren Ausbleiben Sie erwidern: „Na, hast du mir denn gar nichts zu sagen?!" Das ist eben gerade kein Geschenk.

Kopfkissen-Gespräche geben Ihnen die Gelegenheit, Ihren Tag mit netten, verführerischen und ermutigenden Worten ausklingen zu lassen, durch die Sie Ihrem Mann Ihre Liebe mitteilen. Ihr Mann kann sogar einschlafen, während Sie mit ihm sprechen. Das ist ganz in Ordnung. Auf diese Weise schaffen Sie für Ihren Mann eine angenehme und vertraute Atmosphäre des Gesprächs, denn er kann dabei nicht versagen.

Während des Kopfkissen-Gesprächs kann er Ihnen entspannt zuhören und muss sich keine Sorgen machen, etwas Falsches zu sagen. Wenn der Tag für Ihren Mann damit endet, dass er von Ihnen so schöne Dinge hört wie: „Habe ich dir in letzter Zeit mal gesagt, wie sehr ich dich liebe?" oder: „Es war lieb von dir, mich heute mitten am Tag anzurufen", dann wird er das Gespräch mit Ihnen als etwas Sicheres und

Schönes empfinden. Es ist der Zeitpunkt, an dem Sie ihm Aufmunterndes sagen, und zwar ohne jede Einschränkung. Passen Sie also auf, dass Sie Ihre perfekten Kopfkissen-Gespräche nicht zerstören, indem Sie Ihrem Kompliment „Du bist so mitfühlend anderen gegenüber" ein „Warum gehst du mit mir nicht auch so um?" hinzufügen.

Hier noch einmal die wichtigsten Grundsätze: Wenn Sie im Gespräch die Nähe Ihres Mannes suchen und von ihm erwarten, dass er das Reden übernimmt, werden Sie nur frustriert sein. Kommentare wie „Du redest nie mit mir" wirken auf ihn nur abstoßend. Wenn Sie aber die Initiative ergreifen und ihm das Gespräch als ein Geschenk anbieten – einen sicheren Hafen, wo jedes Versagen von ihm ausgeschlossen ist –, wird er sich viel eher mit Ihnen verbunden fühlen und das Risiko eingehen, in Zukunft mehr zu sprechen.

Das Herz Ihres Mannes öffnet sich, wenn Sie ihm dabei helfen, das Gespräch mit Ihnen zu einem Erfolg zu machen. Durch Klarheit in der Kommunikation, durch Gespräche mithilfe eines dritten Objekts und durch Kopfkissen-Gespräche bauen Sie Brücken zum Herzen Ihres Mannes, die Sie jahrzehntelang bequem und sicher überqueren können.

Tipp Nr. 6:

In Sachen Kommunikation leben Männer und Frauen tatsächlich in unterschiedlichen Welten. Nutzen Sie die Türöffner zur Seele Ihres Mannes: Klarheit, das dritte Objekt, Kopfkissen-Gespräche.

7. Freundschaft:

Die geheime Zutat

So ist mein Liebster, mein Freund.
Hoheslied 5,16

Sogar auf dem Anrufbeantworter konnte ich hören, dass ihre Stimme zitterte. Irgendetwas war ganz und gar schiefgelaufen. „Susan“, sagte Jessica, „wir müssen dringend mit dir und Mark sprechen, so schnell wie möglich. Kannst du mich bitte anrufen?“

Wir riefen sofort zurück. „Gerade haben wir deine Nachricht abgehört. Wir sind jetzt beide am Apparat. Was ist los?“

Jessica antwortete auf ihre typische, höfliche Art: „Es tut mir sehr leid, dich zu stören. Ich weiß ja, wie viel ihr zu tun habt. Wie war deine Geburtstagsfeier?“

„Sie war schön“, antwortete ich. Dann wechselte ich rasch das Thema: „Wir haben schon auf dem Anrufbeantworter gehört, dass wohl irgendetwas Schlimmes passiert ist. Was ist los?“

Unter Tränen antwortete sie: „Ich habe schon seit Monaten gemerkt, dass was nicht stimmte. Und heute Abend habe ich diesen Hefter gefunden mit Briefen von einer Frau, mit der Paul zusammenarbeitet. Er hat alles zugegeben, sagt aber, dass er sich ändern will. Was sollen wir jetzt tun?“

Es wurde ein langer Abend – und ein langes Jahr –, während die beiden gemeinsam darum kämpften, ihre Ehe wiederaufzubauen. Sie waren bereit, alles nur Erdenkliche zu tun, um ihre Ehe zu retten. Zusätzlich zu den Gesprächen mit uns besuchten sie eine Freizeit für Ehepaare. Sie lasen Bücher. Sie trafen sich mit anderen Paaren, deren Beziehung sie als vorbildlich betrachteten. Doch wenn man sie heute fragt, was ihre Ehe eigentlich gerettet hat, dann würden Jessica und Paul vermutlich antworten, dass es eine einzige Entscheidung war, die ihnen half, nicht aufzugeben, sondern durchzuhalten. Welche Entscheidung das war? Es war der Entschluss, ihre Freundschaft wiederaufzubauen.

Ich weiß, das hört sich unromantisch und viel zu einfach an. Sie werden sich fragen: Was hat der Aufbau einer Freundschaft mit der Rettung einer Ehe zu tun, die so tief in Schwierigkeiten steckt wie die von Jessica und Paul?

Die Antwort lautet: Einfach alles.

Freundschaft: der Impfstoff, der eine Ehe retten kann

John Gottman ist Wissenschaftler an der Universität von Washington, und man könnte ihn als eine Art „Impfspezialisten für die Ehe“ bezeichnen. Mit einem streng wissenschaftlichen Ansatz versucht er zu beschreiben, was Ehen gelingen und was sie scheitern lässt. Nach jahrelangen Forschungen und Analysen sagt Gottman von sich, er könne den zukünftigen Erfolg oder das Scheitern der von ihm beobachteten Ehen mit 90-prozentiger Sicherheit vorhersagen. Und meistens, so sagt er, kann er das bereits feststellen, wenn er ein Paar nur wenige Minuten gesehen hat.

Wie ist das möglich? Gottman hat bestimmte Muster entdeckt, die eine Ehe entweder zerstören oder sie schützen. Der bei Weitem wichtigste Schutzfaktor, den er herausgefunden hat, ist (und jetzt werden Sie wahrscheinlich enttäuscht sein) die Fähigkeit eines Paares, miteinander befreundet zu sein:

> *Der entscheidende Faktor, inwieweit Ehefrauen mit dem Sex, der Liebe und der Leidenschaft in ihrer Ehe zufrieden sind, ist für 70 Prozent die Qualität der Freundschaft in ihrer Beziehung. Auch bei Männern ist für 70 Prozent die Qualität der Freundschaft entscheidend. Somit stammen Männer und Frauen also durchaus vom selben Planeten. […] Freundschaft hält die Flamme der Liebe am Brennen, denn sie ist der beste Schutz vor feindseligen Gefühlen gegenüber dem Partner.*[19]

Beim Aufbau einer Freundschaft zu unserem Ehepartner geht es nicht in erster Linie darum, neue Fähigkeiten zu erlernen, sondern uns auf die Möglichkeiten zu besinnen, die wir bereits besitzen. Denken wir an das Telefongespräch mit Jessica: Obwohl sie von Wut und Enttäuschung überwältigt war, konnte sie diese Gefühle doch im Zaum halten und uns auf die für sie typische Weise freundlich und respektvoll ansprechen.

Wenn wir uns im Konflikt mit unserem Partner befinden, meinen wir oft, wir könnten nicht anders, als unfreundlich und respektlos ihm gegenüber zu sein. Weil ich Jessicas Persönlichkeit gut kenne, weiß ich, dass sie den freundlichen Ton, den sie uns gegenüber anschlug („Es tut mir sehr leid, dich zu stören. Wie war deine Geburtstagsfeier?") ihrem Mann gegenüber schon lange abgelegt hatte. Sie wusste, wie sie mit uns als ihren Freunden zu sprechen hatte, aber sie hatte vergessen, dass sie mit Paul eigentlich genauso reden sollte.

Das Geheimnis, wie diese Ehe wieder heil wurde, lag nicht in einer ausgefallenen, romantischen Reise oder in einem revolutionären Durchbruch. Es bestand darin, dass Paul und Jessica die Grundsätze der Freundschaft wiedererlernten, die in den ersten Jahren ihres Kennenlernens für sie selbstverständlich gewesen waren.

Freunde schenken einander Zeit: Ein Rezept für Ehen in Zeitnot

Auf jeder Lebensmittelpackung lesen wir einen „Richtwert für die Tageszufuhr". Dabei geht es um die Menge an bestimmten Vitaminen, Mineralstoffen oder Spurenelementen, die wir brauchen, um gesund zu bleiben. Wenn diese Anforderungen nicht erfüllt werden, wird unser Körper blutarm, schwach und anfällig für jeden noch so kleinen Infekt.

Wenn Sie Ihre Ehe gesund erhalten und die Art von Freundschaft aufbauen wollen, die Ihre Ehe schützt, dann braucht das Zeit. Gemeinsam verbrachte Zeit. Ohne sie wird das Immunsystem Ihrer Ehe gefährlich geschwächt. Und die kleinen Ärgernisse, die zum normalen Leben dazugehören, werden nur allzu schnell unüberwindlich.

Sich gemeinsame Zeit freizuschaufeln, ist meistens mit einem Kampf verbunden – nicht mit einem Kampf gegeneinander, sondern gegen unsere Terminpläne. Die Ansprüche, die unsere Arbeit, unser ehrenamtliches Engagement, Freunde, Familie und sogar die Gemeinde an uns stellen, ziehen uns mit Macht voneinander weg. Paare, die sich einfach von ihren Terminkalendern bestimmen lassen, merken schnell, dass die Strömung sie keineswegs zueinander hintreibt. Wenn es einen Bereich in der Ehe gibt, an dem wir wirklich zielstrebig und zielorientiert sein sollten, dann ist es dieser: um sicherzustellen, dass wir genügend Zeit miteinander verbringen können.

Das Zeitfenster-System

Wenn Mark und ich jetzt neben Ihnen säßen, dann würde Mark seinen Terminplaner zücken und die Monatsübersicht durchblättern. Dort würden Sie in fast jeder Woche ein paar kleine Kreise mit jeweils einer Nummer darin finden, an einigen wenigen Tagen wären es drei Kreise und an vielen Tagen gar keine.

Mark hat es mit diesem System bis zur Perfektion gebracht; dem gingen allerdings ein paar sehr schwierige Gespräche mit mir voraus. Als wir etwa Mitte zwanzig waren, wurde mir schmerzlich bewusst, dass mein Mann dazu neigte, seinen Terminkalender zu voll zu packen. Ich befürchtete, wir würden in eine gefährliche Spirale geraten, wenn Mark bei immer mehr Anfragen Ja sagte und für unsere Ehe immer weniger Kapazitäten frei hätte. Mark sagte zwar immer: „Das wird sich schon alles zurechtfinden. Mach dir keine Sorgen." Doch ich brauchte die Sicherheit der Planung – einer Planung, über die wir uns einigen konnten, bevor wir ganz auseinanderdrifteten.

Und so kamen wir auf das Zeitfenster-System, eine Vorgehensweise, die wir Hunderten von Paaren beigebracht haben. Es ist eine ganz einzigartige Strategie, die mehr zur Stabilität unserer Ehe beigetragen hat als vieles andere, was wir taten. Es mag ein wenig berechnend und unromantisch klingen, aber hier gilt, was für viele Ratschläge in Bezug auf das erste Ehejahr gilt: Die wirklich guten Ehen gründen sich auf viele kleine Entscheidungen, für die normale Paare keinen Blick haben.

Und so funktioniert es: Wir betrachten gemeinsam unsere Zeitplanung im Verlauf einer Kalenderwoche, wobei jeder Tag in drei verschiedene Zeitfenster eingeteilt ist – Vormittag, Nachmittag und Abend. Zu jedem Zeitfenster gehört eine Mahlzeit, und jedes umfasst einen bestimmten Zeitraum. Das Vormittags-Fenster zum Beispiel beginnt mit dem Aufstehen und endet gegen Mittag. Das Nachmittags-Fenster fängt mit dem Mittagessen an und hört gegen 17:00 Uhr auf. Das Abend-Fenster beginnt gegen 17:30 oder 18:00 Uhr und endet mit dem Schlafengehen.

Im Lauf der Jahre haben wir gelernt, dass unsere Ehe, wenn sie gesund bleiben soll, sechs gemeinsame Zeitfenster während einer normalen Woche braucht. Und je unvorhersehbarer unsere Termine werden, umso konsequenter praktizieren wir das Fenster-System. Der Vorteil daran ist nämlich, dass wir unseren Terminplan bestimmen und unsere Ehe zu einer Priorität machen. Tun wir das nicht, dann bestimmt der Terminplan uns, und unsere Ehe kommt unter die Räder. Genau das war mit Tom und Melanie passiert.

Tom und Melanie hatten vor zwei Jahren geheiratet und genau gewusst, welche Herausforderungen auf sie zukommen würden. Sie waren bereit, alles dafür zu tun, dass ihre Beziehung gelingen konnte. In den Ehevorbereitungsgesprächen hatten sie sogar vereinbart, dass sie uns aufsuchen würden, sollten sie ihrer Ehe einmal nicht mehr die Bestnote „hervorragend" geben. Und das war der Grund, warum sie nun in Marks Büro saßen.

Melanie seufzte. „Irgendetwas läuft schief", sagte sie. Tom

nickte zustimmend, als sie fortfuhr: „Wir wollten unsere Ehe wie einen gemeinsamen Tanz leben, doch jetzt fühlt es sich an, als würden wir uns nur mühsam vorankämpfen."

„Es ist, als würde unser Motor nicht mehr auf allen Zylindern laufen", ergänzte Tom, „oder als hätten wir Sand im Getriebe."

Als wir Tom und Melanie fragten, wie gut es ihnen gelang, sich Zeit füreinander zu nehmen, da fingen sie beide an zu lachen – was in der Eheberatung eigentlich immer ein gutes Zeichen ist.

„Was ist daran so lustig?", wollte Mark wissen.

„Es ist im Moment alles total verrückt", meinte Tom. „Ich habe mich selbstständig gemacht und arbeite fast immer bis spätabends. Ich komme in der Regel erst um acht nach Hause, und dann bin ich erledigt. Oft geraten wir dann in einen schlimmen Streit."

Wir fragten nach den Wochenenden. Melanie erzählte, dass Tom fast jeden Samstag arbeiten musste. Sie versuchten, wo immer möglich, gemeinsame Zeiten zu finden und zu nutzen. Sonntags leitete Melanie den Kinderchor in der Gemeinde, und Tom half nachmittags in der Jugendgruppe.

„Was wir immerhin regelmäßig schaffen, ist ein gemeinsamer Eheabend am Samstag", sagte Melanie. „Aber in letzter Zeit gab es immer Spannungen zwischen uns, selbst wenn wir etwas Schönes unternahmen."

In einer typischen Woche hatten Melanie und Tom nur zwei gemeinsame Zeitfenster. Ihr Terminkalender sah ungefähr so aus:

Sonntag	Montag	Dienstag	Mittwoch	Donnerstag	Freitag	Samstag
1. gemeinsamer Gottesdienstbesuch	**Arbeit**	**Arbeit**	**Arbeit**	**Arbeit**	**Arbeit**	Tom arbeitet bis 16:00 Uhr, danach gemeinsame Mahlzeit mit Melanie
Jugendgruppe 15:00-18:30 Uhr	**Arbeit**	**Arbeit**	**Arbeit**	**Arbeit**	**Arbeit**	Tom geht mit seinen Freunden Golf spielen
19:00 Melanies Jugendgruppe	Abendessen um 20:30 Uhr nach der Arbeit	Abendessen um 21:45 Uhr nach der Sitzung in der Gemeinde	Abendessen mit Melanies Eltern um 19:00 Uhr (mit oder ohne Tom)	Abendessen um 20:30 Uhr nach der Arbeit	Abendessen beim Spiel im Stadion	2. Eheabend

Tom und Melanie hatten ganz vergessen, was ihre noch ziemlich „neugeborene“ Ehe am dringendsten brauchte: Zeit. Die gemeinsam verbrachte Zeit ist für die Ehe das, was ein Ölwechsel für ein Auto bedeutet. Natürlich fährt der Wagen auch ohne Ölwechsel noch eine ganze Weile, bevor die ersten Probleme auftauchen, doch allmählich läuft der Motor schwerfällig und unzuverlässig.

Wir baten Tom und Melanie, sich die vor ihnen liegende Woche anzuschauen und sechs Zeitfenster auszuwählen, in denen sie zusammen sein konnten. Mark wies sie darauf hin, dass er damit nicht unbedingt einen romantischen Abend außer Haus meinte. In den gemeinsam verbrachten Zeiten könnten sie zum Beispiel zusammen einkaufen, fernsehen, sich ausruhen, Freunde zum Essen einladen oder einfach nur gemeinsam in der Wohnung sein. Es käme nur darauf an,

Zeiträume zu haben, in denen man unbelastet ist und füreinander da sein kann.

Während Mark ihnen die Strategie erläuterte, mussten sie ziemlich schlucken. Sie wussten, dass sich ihr Terminkalender an diese neue Lebensweise nur schwer anpassen ließ. Wir schlugen ihnen Folgendes vor: Wenn Tom abends noch spät arbeiten musste, sollte er seine Arbeitszeiten eher zusammenfassen. Er könnte an einem Abend bis 22:00 Uhr arbeiten und dafür am nächsten Abend schon um 17:30 Uhr nach Hause kommen. Oder statt am Samstag von 10:00-16:00 Uhr zu arbeiten, könnte er schon um 6:00 Uhr anfangen und um 12:00 Uhr Schluss machen, sodass an dem Tag noch zwei ganze Zeitfenster übrig wären, in denen Tom und Melanie zusammen sein konnten.

Überraschenderweise hatten Tom und Melanie bereits nach zehn Minuten einen Wochenplan ausgehandelt. Nachdem sie sechs Zeitfenster für ihr Zusammensein festgelegt hatten, malte ich ihnen fünf Kreise in ihren Kalender. „Diese Kreise sind ein Bonus“, erklärte ich mit einem Lächeln. „Das ist das Schöne am Zeitfenster-System.“

Und so sah ihr Kalender dann aus:

Sonntag	Montag	Dienstag	Mittwoch	Donnerstag	Freitag	Samstag
1. Frühstück und gemeinsamer Gottesdienstbesuch	**Arbeit**	**Arbeit**	**Arbeit**	**Arbeit**	**Arbeit**	○
○	**Arbeit**	**Arbeit**	**Arbeit**	**Arbeit**	**Arbeit**	5. Unser Zuhause schöner machen
2. Jugendgruppe bei uns zu Hause	○	3. Abendessen zu Hause	○	○	4. Abendessen mit John und Louise	6. Eheabend

Jeder Kreis stellt ein Zeitfenster dar, in dem die beiden Partner die Freiheit haben, etwas zu unternehmen – zusammen oder auch getrennt –, ohne den anderen um Erlaubnis bitten zu müssen. In den eingekreisten Zeiten könnte Tom zum Beispiel arbeiten, Golf spielen oder mit seinen Freunden ins Stadion gehen. Somit hat er nun fünf Zeitfenster außerhalb seiner regelmäßigen Arbeitszeit, in denen er Aufgaben erledigen kann, die in seinem neuen Beruf zusätzlich anfallen. Er muss sich jetzt nicht mehr zwischen Beruf und Ehe entscheiden. Und Melanie kann in ihren eingekreisten Zeiten eine Freundin besuchen, einen Roman schreiben oder Aerobickurse geben. Sie und Tom könnten sich aber auch entschließen, die Zeit gemeinsam zu verbringen.

Mark und ich stellen dieses Konzept auch in unseren Gesprächskreisen für Paare vor. Die Teilnehmer sind erstaunt, dass wir sie dazu auffordern, sich in der Woche solche Freiräume füreinander zu schaffen. Die meisten sind ohnehin der Meinung, dass sie ihre Ehe vernachlässigen würden, wenn sie nicht jede freie Minute miteinander verbringen. Tatsache ist aber: Paare, die nur sechs Zeitfenster pro Woche füreinander reservieren, verbringen in Wirklichkeit mehr Zeit miteinander als Paare, die sagen, sie seien ihre ganze Freizeit über zusammen. Denn wer für seinen Partner keine Zeiträume einplant, der schenkt ihm nur das, was gerade noch frei ist – den Rest sozusagen –, eingequetscht zwischen den ganzen anderen Aktivitäten. Wenn wir aber bestimmte Zeiten für unseren Mann oder unsere Frau freihalten, dann steht er oder sie bei uns an erster Stelle, und unsere Arbeit, die Hobbys, Freunde und Gemeinde bekommen von unserer Zeit das, was noch übrig ist. Paare, die zuerst die sechs gemeinsamen Zeitfenster in ihren Terminkalender eintragen – und dann die anderen Termine um diese herumgruppieren –, behandeln sich gegenseitig wie wichtige Persönlichkeiten, mit denen man verabredet ist und denen man niemals absagen würde.

Natürlich heißt das nun nicht, dass wir nicht noch mehr freie Minuten miteinander verbringen, uns spontan zum Essen treffen oder abends zusammen ausgehen. Solche ungeplanten Aktivitäten verleihen unserer Ehe zusätzliche Würze. Aber mit dem Zeitfenster-System sind wir nicht mehr davon abhängig, dass dieses spontane Beisammensein uns die wichtigsten Nahrungsbausteine für unsere Ehe liefert.

Wenn Mark und ich mit Paaren über das Zeitfenster-System sprechen, taucht immer wieder dieselbe Frage auf: „Was ist mit den Zeiten, in denen sechs Fenster pro Woche einfach nicht möglich sind?" Durch unsere ungeregelte, mit vielen Reisen verbundene Arbeit ist uns diese Situation nur allzu vertraut. Und so gehen wir damit um: Sechs Zeitfenster pro Woche sind für uns eine Art „Standardeinstellung". Doch wenn wir in einer Woche einmal unter diesen Level fallen, versuchen wir unbedingt, uns in der darauffolgenden Woche mehr als sechs Fenster zu reservieren. Uns ist klar geworden, dass die Gesundheit unserer Ehe das braucht.

Es ist wichtig, dieses System bereits im ersten Ehejahr einzuführen, besonders bevor man Kinder bekommt. Wenn nicht, dann kann es leicht geschehen, dass für Sie als Mutter nicht mehr Ihre Ehe im Mittelpunkt steht, sondern die Kinder und andere Verpflichtungen. Eine Frau gestand mir einmal: „Ich war mit meinem Job verheiratet, mit meinen Kindern, mit meiner ehrenamtlichen Arbeit – mit allem, nur nicht mit meinem Mann." Gerade in den Lebensphasen, in denen Sie meinen, überhaupt keine Zeit für Ihre Ehe zu haben, brauchen Sie diese Zeit am dringendsten.

Freunde schenken einander Aufmerksamkeit: Es ist leichter, als Sie denken

Als Kinder wirkten Mark und ich gern bei Musik- und Theateraufführungen mit. Doch manchmal enthielten solche Rollen auch Tanzszenen, und diese verursachten bei Mark immer ein unangenehmes Gefühl. Nicht selten wurden die Aufführungen von professionellen Choreografen geleitet, und Mark sollte mitmachen. Der Choreograf stellte sich vor die Gruppe von Tänzern (alle mit zwei linken Füßen ausgestattet) und sagte so ermutigende Dinge wie: „Es ist ganz einfach. Ihr müsst nur …"

Mit der Eleganz von eingeschüchterten Fröschen hüpften die Kinder dann über die Bühne und versuchten, die „einfache" Schrittfolge nachzuvollziehen, die man ihnen beigebracht hatte – eine einfache Übung für rhythmisch begabte Menschen; für diese Jungs aber ganz und gar nicht.

Nur zu oft hört man Ratschläge für die Ehe mit dem falschen Versprechen, es sei alles ganz leicht. „Die sechs einfachen Schritte“ und „die sieben einfachen Geheimnisse“ sind im wahren Leben nie so simpel und einfach, wie sie in den Büchern dargestellt werden. Allerdings sind wir auf etwas gestoßen, was für die eheliche Beziehung sehr hilfreich und aufbauend ist und dabei tatsächlich so einfach und langweilig, dass fast jeder es erfolgreich in die Tat umsetzen kann. Sie und Ihr Mann können diese Art der Unterhaltung, die keinerlei intellektuelle Höchstleistung erfordert, jederzeit praktizieren, wenn Sie zusammen sind.

Stellen Sie sich folgende Szene vor: Sie kommen an einem Samstagmorgen im Oktober zum Frühstück in die Küche. Ihr Mann ist bereits bei seiner typischen Samstagmorgen-Beschäftigung: Er liest die Zeitung, während er seine erste Tasse Kaffee trinkt. Sie wünschen einander einen guten Morgen, und er fährt mit dem Lesen fort. Sie holen sich auch eine Tasse Kaffee. Auf dem Weg zum Küchentisch werfen Sie einen Blick aus dem Fenster.

Sie: „Schau dir mal die Blätter an den Bäumen an! Sind sie nicht wunderschön?“

Ihr Mann (schaut über den Rand seiner Zeitung aus dem Fenster): „Ja, tatsächlich.“ (Er lässt seinem Kommentar ein bestätigendes „hmmm“ folgen.)

Sie: „Ich liebe diesen Monat.“ (Bevor Sie sich an den Tisch setzen, hantieren Sie noch ein paar Minuten in der Küche herum.)

Ihr Mann: „Hast du gesehen, dass die Müllers ihren Laden verkaufen?“

Sie (wenden sich ihm einen Moment zu, bevor Sie weiter aufräumen): „Echt wahr?“
Ihr Mann: „Ja.“
Sie: „Kommst du nach dem Frühstück mit mir zum Baumarkt?“
Ihr Mann: „Mhm.“

Haben Sie die Dramatik, Spannung und Leidenschaft in diesem Dialog bemerkt? Natürlich nicht, denn es gab keine. Aber wenn Sie sich dieses Gespräch noch einmal durchlesen, werden Sie eines bestimmt nicht denken: „Mein Mann und ich könnten so nie miteinander reden!“

So unromantisch sich dieser Dialog auch anhört – wenn man solche Art von Gesprächen immer wieder praktiziert, können sie die Ehe ungeheuer verändern. Das ist kein Witz. Paare, die sich auf diese Weise regelmäßig unterhalten, die sich ganz einfach „einander zuwenden“, wie Dr. Gottman es ausdrücken würde – einander zunicken, sich Blicke zuwerfen oder auch nur bestätigend grunzen („mhm“) –, das sind die Paare, die auch im romantischen Bereich am zufriedensten sind.[20]

Ob Sie es glauben oder nicht: Mit dieser Art von Unterhaltung, die keinerlei geistige Anstrengung erfordert, bauen Sie die Freundschaft in Ihrer Ehe auf. Mehr als die viel selteneren „tiefen Gespräche“ kann dieser einfache, anspruchslose Austausch, den Sie Tausende Male in Ihrer Ehe stattfinden lassen, dafür sorgen, dass Sie sich beieinander wohlfühlen. So schaffen Sie eine angenehme, freundschaftliche Atmosphäre, die Ihre Ehe vor dem bewahrt, was sie so leicht zerstören kann.

Freunde schützen ihre Freundschaft: Geheimnisse besitzen Sprengkraft

Sechs Monate nach der Hochzeit entdeckte Bianca per Zufall, dass ihr Mann Ralph fünf Jahre zuvor eine Affäre mit einer verheirateten Frau, einer Arbeitskollegin, gehabt hatte. Obwohl diese Beziehung längst beendet war, als Ralph und Bianca sich kennenlernten, kam Bianca einfach nicht darüber hinweg.

Sie fand keinen geeigneten Weg, mit ihrem Zorn fertigzuwerden, und so stieß sie Ralph von sich. Sie strafte ihn mit Verachtung und Liebesentzug, warf ihm vor, ihr dieses schreckliche Geheimnis nicht schon vor der Ehe anvertraut zu haben, und sah wegen seines moralischen Fehlverhaltens auf ihn herab. Nach sechs Monaten gab Ralph auf. Doch nachdem er die Scheidung eingereicht hatte, änderte Bianca ihre Meinung und flehte Ralph an, er möge an den Verhandlungstisch zurückkehren. Er weigerte sich, und sie wurden geschieden, nicht einmal ein Jahr nachdem sie ihr Eheversprechen abgelegt hatten.

Während ich zusehen musste, wie diese Ehe zerbrach, fragte ich mich: *Hätte sich alles ganz anders entwickelt, wenn das Geheimnis schon vor der Hochzeit herausgekommen wäre?* Ich glaube schon. Entweder hätte die Offenbarung dieser früheren Beziehung einen solchen Keil zwischen die beiden getrieben, dass sie gar nicht erst geheiratet hätten, oder Belinda wäre zu dem Schluss gekommen, dass sie Ralph genug liebte, um über seine Vergangenheit hinwegsehen zu können. Egal, wie es ausgegangen wäre, es hätte den beiden jedenfalls die finanziellen und seelischen Folgen einer Scheidung erspart. Eine aufgelöste Verlobung ist zwar auch schrecklich, aber sie ist in den meisten Fällen nicht so schmerzvoll wie eine zerbrochene Ehe.

Ich kann mir nur sehr wenige Situationen vorstellen, in denen es für ein Paar von Vorteil ist, große Geheimnisse voreinander zu haben. Folglich geben wir allen Paaren, mit denen wir sprechen, den dringenden Rat: Wenn Sie nicht gerade von Berufs wegen zur Geheimhaltung verpflichtet sind (als Pastoren, Rechtsanwälte oder CIA-Agenten) und wenn Sie nicht mit jemandem zusammen sind, der Ihnen etwas antun würde, sobald er die Wahrheit von Ihnen erfährt (was allerdings ein viel größeres Problem darstellt als Ihr Geheimnis selbst), dann sollten Sie zu Beginn Ihrer Ehe absolut keine Geheimnisse voreinander haben.

Freunde geben Feedback: Vier Sätze, die Ihr Mann gern von Ihnen hört

Sandra wollte unbedingt eine dauerhafte Freundschaft zu ihrem Mann Ben aufbauen. Doch immer wenn sie einen Änderungsvorschlag brachte, reagierte er gereizt. Er nahm jeden Kommentar persönlich, als ob man ihn zum Versager abstempeln wollte. Auch wenn Sandra ihre Sätze mit höflichen Einleitungen begann wie: „Könntest du bitte mal …“ oder: „Hast du schon mal darüber nachgedacht, dass …“ schien sie nichts damit zu erreichen.

Bens negative Reaktionen zeigten ihr, dass sie einen anderen Weg einschlagen musste. Was sie brauchte, war ein Gesprächsbeginn, den ihr Mann nicht als bedrohlich empfand – so wie es bei Freunden normal ist. Gut getarnt wie Sherlock Holmes und beharrlich wie Winston Churchill fragte Sandra Freunde und Kollegen um Rat. Dann unterzog sie jeden Vorschlag einer wissenschaftlichen Überprüfung, indem sie ihn zu Hause bei Ben ausprobierte.

Sandra machte dabei zwei Entdeckungen: Erstens lernte sie, dass es tatsächlich möglich war, Ben ein Feedback zu geben, ohne dass er dabei in eine Verteidigungshaltung geriet. Und zweitens bemerkte sie: Wenn sie einen Satz gefunden hatte, der funktionierte, dann reagierte Ben nicht nur positiv, sondern wandte genau denselben Satz nach kurzer Zeit auch ihr gegenüber an.

Sandras Geschichte war für mich so faszinierend, dass ich sie bat, mir die Formulierungen aufzuschreiben, mit denen sie bei Ben Erfolg gehabt hatte. Ich merkte mir die vier freundlichen Feedback-Sätze und nahm sie in mein regelmäßiges Vokabular Mark gegenüber auf:

1. *„Ich mag das!"* Wenn Ihr Mann merkt, dass er Ihnen mit etwas Freude gemacht hat, wird er sich viel eher zutrauen, Sie mit neuen, fantasievollen Ideen glücklich zu machen. Häufig hört man von verheirateten Männern die Klage: „Ich kann mir noch so viel Mühe geben, meine Frau ist nie zufrieden!" Wenn Sie ihm aber signalisieren: „Ich mag das!", dann weiß er, dass er Sie zufriedengestellt hat.
2. *„Wie hast du das bloß geschafft!"* Mit diesen Worten verleihen Sie ihm die Trophäe „Mann des Jahres". So zeigen Sie ihm, was für ein toller Mensch er ist – und zwar in allem, was er unternimmt, und nicht nur in dem, was er für Sie tut. Sobald Sie etwas sehen, was er gut gemacht hat – und sei es nur eine Kleinigkeit –, besiegeln Sie mit diesen Worten Ihre Mitgliedschaft in seinem Fanklub.

3. *„Das bedeutet mir sehr viel."* Wenn dieser Satz fällt, dann hat Ihr Mann viel mehr getan, als nur seine Pflicht zu erfüllen. Er hat sich außergewöhnlich viel Mühe gegeben, Ihnen seine Liebe zu zeigen. Wenn Sie ihn also dabei sehen, wie er etwas ganz Gewöhnliches oder auch Außergewöhnliches tut – morgens Kaffee kochen, den Geschirrspüler ausräumen, den Roman kaufen, von dem Sie die ganze Zeit schwärmen –, dann feiern Sie das mit diesen Worten der Anerkennung. „Das bedeutet mir sehr viel" wird ihn dazu motivieren, nach weiteren Wegen zu suchen, wie er Ihnen seine Liebe zeigen kann.
4. *„Weißt du, worüber ich mich sehr freuen würde?"* Wenn Sie Ihren Mann in der Sprache der Freude statt in der Sprache der Beschwerde um etwas bitten, dann werden Sie auch eine erfreuliche Reaktion erfahren. Sätze wie: „Kannst du nicht mal …?" oder: „Warum machst du nicht …?" führen dagegen immer zu einer Haltung des Widerstands und der Verteidigung. „Weißt du, worüber ich mich sehr freuen würde?", beschert Ihrem Mann ein sofortiges Erfolgserlebnis.

Nichts ist für das Gelingen Ihrer Ehe so wichtig wie die gute Freundschaft zu Ihrem Mann. Freunde, vor allem die besten Freunde, zeichnen sich dadurch aus, dass sie ein paar wenige einfache Dinge gut können: Sie verbringen Zeit miteinander, sie achten aufeinander, sie sagen dem anderen die Wahrheit und geben ein ermutigendes Feedback. Natürlich möchten Sie in Ihrer Ehe mehr sein als einfach nur „gute Freunde". Doch nur auf dem Boden der Freundschaft können die dauerhafte Leidenschaft und die tiefe Verbundenheit, nach der Sie sich sehnen, wachsen und gedeihen.

Tipp Nr. 7:

Pflegen Sie die Freundschaft mit Ihrem Mann und nehmen Sie sich bewusst Zeit füreinander! Freundschaft hält die Flamme der Liebe am Brennen, denn sie ist der beste Schutz vor feindseligen Gefühlen gegenüber dem Partner.

8. Konflikte:

Nähe bedeutet Reibungsflächen

Auch wenn viele Therapeuten das Gegenteil behaupten:
Sie brauchen Ihre großen ehelichen Konflikte nicht zu lösen,
damit Ihre Partnerschaft wachsen und gedeihen kann.

John Gottman,
Die sieben Geheimnisse der glücklichen Ehe

Wir waren noch keine 48 Stunden verheiratet. Es war der erste Morgen in der Ferienwohnung, in der wir unsere Flitterwochen verbringen wollten. Wir hatten ausgiebig gefrühstückt und uns in den flauschigen Bademänteln gerekelt, die nur frisch verheirateten Paaren und Filmstars zugestanden werden. Als wir aus dem Fenster auf die uns umgebende Bergwelt blickten, senkte sich eine große Zufriedenheit auf uns herab.

Wir saßen gemütlich eng beieinander und lauschten auf das Knistern des Kaminfeuers. Schließlich stand ich auf, um duschen zu gehen, während Mark sich um das Feuer kümmerte. Doch während ich singend unter dem warmen Wasserstrahl stand, gingen meinem lieben Mann ganz andere Dinge durch den Kopf als mir. Anscheinend brachte ihn der Gedanke an seine frisch Angetraute unter der Dusche auf eine ganz kreative Idee, die wir – so dachte er – nie mehr vergessen würden (und zumindest ich habe sie tatsächlich nie vergessen!).

Ich genoss also gerade diese luxuriöse, dampfende Dusche und lächelte bei dem Gedanken, was für einen wunderbaren Mann ich geheiratet hatte. Ich sang Liebeslieder und war voller Staunen darüber, dass dieser tolle Mann ausgerechnet mich ausgewählt hatte, um mit mir den Rest seines Lebens zu verbringen. Doch innerhalb von Sekundenbruchteilen änderte sich alles.

Mark schlich auf Zehenspitzen ins Badezimmer, um „einen unvergesslichen Moment zu schaffen“. Aus dem Nichts empfing ich sein „Geschenk“, das Ergebnis seiner kreativen Überlegungen: einen sehr großen, sehr vollen Krug mit Eiswasser, dessen Inhalt über mich ausgegossen wurde!

Bedenken wir, dass einer der bekanntesten Filme in jenem Jahr Alfred Hitchcocks *Psycho* war, in dem eine Frau unter der Dusche grausam attackiert wurde. Und dass ich einen großen Bruder hatte, dem es Spaß machte, Streiche wie diesen auszuführen. Nun, da ich verheiratet war, hatte ich gedacht, ich wäre vor Überraschungsangriffen sicher. (Mein Bruder Rick sah sich samstagabends am liebsten Ringkämpfe an und hatte mich zu seiner Lieblingsgegnerin erkoren.) Oh, wie naiv ich gewesen war!

Die Flitterwochen-Freude wich schnell beklemmenden Gedanken wie: „Was ist das bloß für ein Verrückter? Er war so nett und so geistlich. Wie konnte ich bloß übersehen, dass er in Wirklichkeit ein Psychopath ist? Aaaaa!“

Ich fand es überhaupt nicht lustig und jagte ihn nicht triefnass durch die Ferienwohnung. Ich sagte gar nichts, sondern sackte unter der Dusche zusammen, während mir die

Eiswürfel den Rücken hinunterrutschten und schmolzen. Ich weinte.

Mark versuchte mich zu trösten, aber ich war völlig am Boden zerstört. „Lass mich in Ruhe!“, fuhr ich ihn an.

Er hatte gut gelauntes Gelächter erwartet, Kommentare wie: „Sehr witzig“ oder: „Warte nur, bis du unter der Dusche stehst!“ oder vielleicht auch nur: „Hihihi, der Witz war gut.“

Als Mark am College studierte, hatten er und seine Zimmerkollegen sich ständig gegenseitig Streiche dieser Art gespielt. Es gab ihnen immer einen Grund zum Lachen und schuf eine Verbindung zwischen ihnen als Männern, wovon man ja oft hört. Und da es die Freundschaft zwischen Mark und den anderen Jungs so gut gestärkt hatte, war er sich ganz sicher, dass es auch bei mir funktionieren würde.

Eine schlechte Idee.

Nachdem ich einigermaßen wieder aufgetaut war, meine Fassung zurückerlangt und mich angezogen hatte, saßen wir lange Zeit zusammen. Mark entschuldigte sich immer wieder und hörte mir zu, als ich ihm erzählte, wie sehr er mich erschreckt und verletzt hatte. An jenem Tag lernten wir viel über die Unvermeidlichkeit von Konflikten in der Ehe. Wir merkten: Konflikte kommen ungeplant und ohne böse Absicht, doch sie zu lösen gelingt nur durch gezielte, harte Arbeit.

In Ihren Träumen von der Ehe haben Enttäuschungen, Meinungsverschiedenheiten und Dusch-Terror sicherlich keinen Platz. Sie können sich nicht vorstellen, auf wie vielfältige Weise dieser Mann, den Sie lieben, Sie verärgern kann. Doch eines ist klar: Er wird es tun. Wenn Sie also die Vertrautheit mit Ihrem Mann erreichen möchten, von der Sie immer geträumt haben, dann geht das nur, wenn Sie wissen, wie man Konflikte gemeinsam bewältigt.

Willkommen in der Achterbahn

Unsere Familie liebt Achterbahnfahrten. Oder besser gesagt: Jeder in unserer Familie liebt Achterbahnfahrten – außer Mark. Er ist derjenige, der den Mega Coaster mit einem Gesicht so grün wie Spinat verlässt. Aber weil er gern etwas mit der Familie unternimmt, steigt er doch immer wieder in diese ratternden kleinen Wagen, die sich auf öligen, gewundenen Gleisen fortbewegen; er fährt mit Geschwindigkeiten und begibt sich in Positionen, bei denen sein Magen sich wünscht, er wäre woanders.

Diesen Fahrten geht immer ein drei- und vierfacher Sicherheitscheck voraus. Je wilder die Fahrt, umso mehr Gurte und Schnallen werden angebracht und umso fester wird der Kopf fixiert und mit Polsterungen geschützt. Nachdem ich das erste Mal in einer Achterbahn gefahren war, stellte ich mir nie mehr die Frage, warum diese Leute in ihren Astronautenanzügen so viel Zeit investieren, um sich davon zu überzeugen, dass jeder einzelne Passagier gut gesichert ist. Sie wissen: Wenn jemand nicht angeschnallt ist, kann das tödlich ausgehen.

Die Ehe ist die wohl turbulenteste Achterbahnfahrt, die Sie unternehmen können. Die Kurven sind nicht vorhersehbar, und wenn man sich überschlägt, kann das sehr unangenehm werden. Und manchmal denkt man nur noch: *Wie komme ich hier bloß raus!?*

Bevor Sie diese Fahrt also unternehmen, überzeugen Sie sich, dass alle Sicherheitsvorkehrungen vorhanden sind und funktionieren. Wenn Sie kopfüber in dreißig Metern Höhe hängen und dann erst feststellen, dass Ihr Gurt nicht hält, ist es zu spät.

Wir haben drei Sicherheitschecks ausgearbeitet, mit denen Sie Ihre Ehe vor den gefährlichen Kurven und Abgründen der Enttäuschung, der Mutlosigkeit und der Verletzung schützen können. Wenn Sie richtig angeschnallt sind, werden Sie merken, dass aus einem Konflikt tiefere Vertrautheit wachsen und man das Ganze sogar mit Humor nehmen kann.

Sicherheitscheck 1: Konflikte sind unvermeidlich

Es gibt nur einen Weg, wie Sie vermeiden können, sich jemals mit Ihrem Mann zu streiten: ihn nicht zu heiraten.

Streben Sie ruhig nach der Ehe, von der Sie immer geträumt haben, nach einem außergewöhnlichen, ganz besonderen Zusammenleben. Bemühen Sie sich darum, einander Jahr für Jahr tiefer zu lieben. Doch lassen Sie die Erwartung fallen, dass Ihre Bemühungen Sie vor Enttäuschungen bewahren werden. Mit Sicherheit werden Sie verärgert darüber sein, wie Ihr Mann mit einer bestimmten Situation umgegangen ist oder dass er nicht erfüllt hat, was er Ihnen bei der Eheschließung versprochen hat.

Konflikte wird es geben, garantiert. Sie können vielleicht nicht vorhersehen, welcher Art dieser Konflikt genau sein wird, aber Sie können sich auf die Meinungsverschiedenheiten vorbereiten, die ganz bestimmt kommen werden.

Vielleicht ist Ihr Mann ein Morgenmensch, während Sie eine Nachteule sind. Er geht früh zu Bett und bittet Sie mitzukommen. Sie antworten, dass Sie gleich da sein werden, doch dann verbringen Sie die nächste halbe Stunde mit dem Aufräumen der Küche. Sein Frust steigt, und wenn Sie dann endlich die Treppe hochkommen, ist die Lunte schon gezündet. Die plötzliche Explosion trifft Sie völlig unerwartet.

Vielleicht ist Ihr Mann ein spontaner Typ und Sie sind eine Ordnungsfanatikerin. Es dauert nicht lang und schon hinterlassen seine Gläser dauerhafte Spuren auf Ihrem Esstisch. Immer wieder bitten Sie ihn, Untersetzer zu benutzen. In den ersten paar Wochen macht es Ihnen nichts aus, hinter ihm sauber zu machen, doch je mehr Unordnung von ihm Sie beseitigen müssen, desto frustrierter werden Sie. Eines Tages kommt er zur Tür herein und muss feststellen, dass Sie mit Ihrer Geduld am Ende sind und explodieren.

Ich kann nicht vorhersagen, welcher Auslöser es bei Ihren Konflikten sein wird, aber ich weiß, dass die Konflikte kommen werden.

Sicherheitscheck 2: Zur Vergebung bereit sein

Für manche Leute hört sich Vergebung so einfach an, so nett. Aber Vergebung ist hart. Sie ist nichts für Feiglinge. Und sie geschieht auch nicht mühelos. Tatsächlich kann sie zur größten Herausforderung in Ihrer ganzen Ehe werden.

Doch wenn Sie Ihrem Mann die Verletzungen und Enttäuschungen, die er Ihnen bereitet hat, nicht vergeben können, schließen Sie sich selbst in ein Gefängnis ein und warten darauf, dass Ihr Mann den Schlüssel findet. Wenn Sie eine Liste mit Bedingungen aufstellen, die Ihr Mann erfüllen muss, bevor Sie ihm vergeben, dann bringt das nur Sie hinter Gitter. Ich habe schon Frauen kennengelernt, die „eingeschlossen" bleiben – emotional, sexuell, beruflich, geistlich –, indem sie sich jahrelang von ihrer Bitterkeit verzehren lassen.

Paradoxerweise steht es in Ihrer eigenen Macht, Heilung in Ihre Ehe zu bringen. Ihre Vergebung kann die zersetzenden Auswirkungen, die das Fehlverhalten Ihres Mannes mit sich bringt, aufheben.

Wenn Sie diese abenteuerliche Achterbahnfahrt sicher überstehen wollen, dann seien Sie bereit, Ihrem Mann zu vergeben.

Sicherheitscheck 3: Haben Sie die Feuerlöscher parat?

Jetzt wird es praktisch. Sie haben sich damit abgefunden, dass Konflikte in Ihrer Ehe unvermeidlich sind; Sie sind bereit, diesem Mann, der nicht immer alles richtig macht, zu vergeben. Nun möchten wir, dass Sie sich mit den stärksten Strategien ausrüsten, mit denen man Konflikte mildern und überwinden kann.

Diese Strategien, „Feuerlöscher" sozusagen, sind nachweislich geeignet, das Feuer von Konflikten zu löschen – diese schwelenden, schmerzhaften, unbedachten Worte und Reaktionen, die das Potenzial haben, wie eine Dynamitstange zu explodieren. Woher kommen diese Strategien?

Wieder einmal verdanken wir sie Dr. Gottman. Was mir an seinem Ansatz gefällt: Diese Strategien zur Überwindung von Konflikten sind mehr als nur gute Ideen. Sie werden nämlich tatsächlich angewandt, und zwar von den Paaren, die bereits eine gute, glückliche Ehe führen. Eine seiner wichtigsten Entdeckungen war folgende Erkenntnis: Fähigkeiten der Kommunikation und des aktiven Zuhörens – wie sie die meisten Eheberater empfehlen – sind in einem Konflikt selten hilfreich. Diese Fähigkeiten geraten schnell in Vergessenheit, sobald sich ein Paar in einer hitzigen Auseinandersetzung befindet.

Bereiten Sie sich also vor. Sie werden überrascht sein, wie einfach diese „Feuerlöscher" anzuwenden sind.

Sich beschweren, nicht kritisieren

Dr. Gottman hat Folgendes beobachtet: „Es gibt keine konstruktive Kritik. Jede Kritik ist schmerzhaft. Anders als eine Beschwerde – die konkrete Bitte um Veränderung – macht Kritik die Ehe nicht besser. Sie macht sie unvermeidlich schlechter."[21]

Die Beschwerde richtet sich auf ein bestimmtes Problem, sie ist eine konkret formulierte Bitte um Veränderung. Eine Sorge vorzutragen hat in der Regel keine negativen Auswirkungen auf das eheliche Glück. Die Kritik dagegen verwandelt die Sorge in einen Angriff.

Hier ein paar Beispiele:

- *Beschwerde:* „Ich wünschte, du würdest den Müll rausbringen!"

  Kritik: „Wie oft muss ich dich bitten, so was Einfaches wie den Müll rauszubringen zu erledigen? Warum denkst du nicht selbst daran, im Haushalt mitzuhelfen?"

- *Beschwerde:* „Sollten wir nicht mal wieder Zeit für uns haben? Es ist schon so lange her, dass wir das letzte Mal etwas miteinander unternommen haben."

Kritik: „Du hast so viel Zeit für deine Freunde. Und was ist mit mir? Wann bekomme ich mal deine Aufmerksamkeit? Du gehst jetzt nicht mehr abends weg, bis wir was zu zweit unternommen haben!"

Beschwerde: „Es verletzt mich, wenn du in der Öffentlichkeit nicht meine Hand hältst. Ich habe den Eindruck, du schämst dich für mich."

Kritik: „Warum zeigst du mir in der Öffentlichkeit nie deine Zuneigung? Dir geht es doch nur um dein Image. Was ist los mit dir? Hast du Angst, die Leute könnten glauben, du liebst mich?"

In der Hitze des Gefechts, wenn nach einer Zeit der Frustration die Gefühle hochgekocht sind, ist es nicht einfach, immer das Richtige zu sagen. Aber Sie können trotzdem darauf achten, dass aus der Sorge, die Sie vortragen, keine globale Kritik wird. Bleiben Sie eng am Thema.

Wenn die Flutwelle kommt: Pause machen

Schauen Sie sich einmal ein Tennismatch im Fernsehen an. Was passiert, wenn ein Spieler mit einer Entscheidung unzufrieden ist? Oder beobachten Sie einmal bei einem Fußballturnier, wie ein Spieler mit dem Schiedsrichter streitet – zwei erwachsene Männer, die sich aus vollem Halse anschreien, wobei ihre Nasen nur wenige Zentimeter voneinander entfernt sind.

Der Zorn dieser Männer ist wie eine Flutwelle. Sie werden beim Konflikt von ihren Gefühlen überwältigt und können nicht mehr auf konstruktive Weise damit umgehen.

Wenn ein Mann während eines Konfliktes „überflutet" wird, kann es sein, dass er sich in missmutiges Schweigen hüllt und nur noch „na schön", „ist mir doch egal" oder „was soll's" murmelt. Oder er geht zum Angriff über und schreit beleidigt und voller Verachtung: „Ich hab doch gesagt, es ist gut! Was willst du denn noch von mir?"

Nein, Sie bilden sich das nicht nur ein. Eine Studie hat tatsächlich herausgefunden: „Es ist eine biologische Tatsache, dass Männer von einem Ehekonflikt stärker emotional überwältigt werden als ihre Frauen. Der Körper eines Mannes beruhigt sich nach einem Streit nicht so leicht wie der einer Frau."[22] Viele Frauen machen jedoch den schweren Fehler, sich immer weiterzubeschweren, obwohl ihr Mann bereits „überflutet" ist. Meistens sind es die Frauen, die ein Problem zur Sprache bringen – in 80 Prozent der Fälle –, und darum lassen sie auch nicht so gern davon ab.[23] Weil die Frauen häufig der Meinung sind, dass sie das Problem viel besser erkannt haben, fällt es ihnen auch leichter, den Konflikt längere Zeit zu ertragen.

Wenn Sie oder Ihr Mann emotional von einem Konflikt überwältigt werden, dann sollten Sie erkennen, dass Sie nur Ihre Zeit verschwenden; legen Sie ganz einfach eine Pause ein. In einem wissenschaftlichen Versuch unterbrachen die Forscher die beteiligten Paare mitten in einem hitzigen Konflikt mit der Begründung, sie müssten die Mikrofone neu einrichten. Die Paare wurden gebeten, zwanzig Minuten zu warten, bevor sie ihr Gespräch wieder aufnahmen. In jedem einzelnen Fall hatte sich der Puls der beiden bis dahin normalisiert, die „Flutwelle" war zurückgegangen, und das Paar konnte mit dem Konflikt auf sehr viel förderlichere Weise umgehen.[24]

- *Sanfter Einstieg:* „Können wir uns mal kurz über den geplanten Besuch bei meiner Mutter unterhalten?"

  Harter Einstieg: „Jedes Mal, wenn wir meine Mutter besuchen, benimmst du dich völlig daneben!"

- *Sanfter Einstieg:* „Können wir uns darüber unterhalten, wie wir die Aufgaben im Haushalt neu verteilen?"

  Harter Einstieg: „Ich will dir mal was sagen: Ich bin nicht deine Mutter und auch nicht deine Sklavin. Ich habe es satt, ewig darauf zu warten, dass du endlich einen Finger krumm machst!"

Aus wissenschaftlichen Untersuchungen geht ganz klar hervor, dass die ersten Momente eines Konfliktes seinen Ausgang wesentlich bestimmen. Wenn Sie jede Konfrontation mit bedachten Worten und einem netten Gesichtsausdruck beginnen, verbessern sich die Chancen auf einen befriedigenden Ausgang immens. Wenn Sie sich aber mit gesenktem Kopf und geblähten Nüstern in den Konflikt stürzen, wird Ihr Matador genau so reagieren, wie er es gelernt hat.

Als Bobbies Freundin Peggy jung verheiratet war, setzten sie und ihr Mann Georg sich jeden Freitagabend an den Kamin und unterhielten sich. Sie fragten einander: „Habe ich diese Woche irgendetwas getan, was dich verärgert hat?" Die Atmosphäre war ruhig und entspannt, und jeder hatte seine Gefühle unter Kontrolle.

„Es nervt mich, wenn du absichtlich über die Markierung in der Fahrbahnmitte fährst und es dieses laute Geräusch gibt“, gab Peggy zu. Georg machte das immer aus Spaß und hatte keine Ahnung, dass er Peggy damit verärgerte. Er dankte ihr für den Hinweis.

Peggy hätte ihn auch während der Fahrt wegen dieses unangenehmen Geräusches angreifen können: „Dieser Krach macht mich wahnsinnig. Kannst du nicht in der Fahrspur bleiben wie andere Leute auch?“ Doch weil sie einen sanften Einstieg wählte, konnte sie einen Konflikt vermeiden; ein Problem war gelöst.

Erwarten Sie nicht, dass sich jeder Konflikt lösen lässt

Es gibt zwei Arten von Konflikten in der Ehe: lösbare und dauerhafte. Und es mag Sie überraschen – oder auch enttäuschen – zu hören, dass 70 Prozent in die Kategorie dauerhaft fallen.[25] Dabei geht es in der Regel um die Persönlichkeit des Partners oder um schrullige Gewohnheiten, die für die Ehe nicht bedrohlich sind. Die meisten dieser Dauerthemen, mit denen wir uns in der Ehe auseinandersetzen müssen, lassen sich ganz einfach nicht lösen, wie zum Beispiel diese hier:

- Dana geht gern auf Partys und wünscht sich, Walter wäre in der Gruppe nicht so schüchtern und still.
- Donald ist sehr diszipliniert und will, dass Rita mit ihrem Sohn strenger ist; Rita denkt, dass Donald entspannter damit umgehen sollte.

- Anita ist äußerst sparsam und möchte immer viel Bargeld in der Rückhand haben; Chris hat kein Problem damit, Geld auszugeben, nicht einmal dann, wenn es riskant ist.
- Tim ist sehr sportlich und trainiert jeden Tag; Lilly gerät überhaupt nicht gern ins Schwitzen und kann seine Begeisterung nicht verstehen.
- Bobbie ist ein sehr freier Geist und lässt manchmal das Geschirrtuch in der Küche herumliegen; Robert räumt es jedes Mal weg, wenn er die Küche betritt.
- Mark hasst das Fernsehen und ist überzeugt, dass es bei unseren Kindern zur Gehirnerweichung führt; ich dagegen sehe gerne fern und wünsche mir, Mark würde das ein bisschen lockerer sehen und sich zu mir setzen.

Ich war erstaunt, als ich lernte, dass Paare auch mit ungelösten Konflikten glücklich zusammenleben können. Wir haben uns bei der Eheberatung ungeheuer viel Mühe gegeben, mit den Betroffenen alle ihre Konflikte zu lösen, jedoch mit minimalem Erfolg.

Wenn Sie das nächste Mal mit so einem Veteranenpaar sprechen – mit einem, das Sie für glücklich verheiratet halten –, dann fragen Sie die beiden doch einmal, ob es bei ihnen einen Konflikt gibt, der sie schon ihr ganzes Eheleben lang verfolgt. Zweifellos werden sie Ja sagen. Zufriedene Paare haben ganz einfach einen Weg gefunden, mit den Konflikten, die einfach nicht verschwinden wollen, spielerisch und tänzerisch umzugehen.

Wenn es ums Fernsehen bei uns zu Hause geht, werden Mark und ich vermutlich nie einer Meinung sein. Er wäre froh, wenn alle Fernsehkanäle unentgeltlich der Wissenschaft zur Verfügung gestellt würden – um diesen „gehirnerweichenden Schwachsinn" nicht länger ertragen zu müssen. Ich dagegen wuchs in einer Umgebung auf, wo der Fernseher fast immer lief. Obwohl unsere eigene Familie nur einen Bruchteil von dem fernsieht, was ich in meiner Kindheit sah, genieße ich einen gelegentlichen gemeinsamen TV-Abend immer noch sehr. Wenn wir in vierzig Jahren im Pflegeheim sitzen, wird Mark wahrscheinlich immer noch denken, dass wir unsere Zeit vor dem Fernseher verschwenden. Und ich sage dann immer noch: „Pssst, jetzt kommt die beste Stelle im Film!"

Flicken Sie Ihre Differenzen

Ein Flicken an der richtigen Stelle kann etwas Nutzloses retten. Ein Kleid, ein Paar Jeans oder ein kaputter Reifen – all das können wir mit dieser einfachen Methode reparieren. Wenn der Konflikt mit Ihrem Mann in eine negative oder zerstörerische Abwärtsspirale gerät, können Sie die Situation „flicken", und zwar mit einer Bemerkung oder einer Geste, die der Eskalation entgegenwirkt und Ihre Beziehung wiederherstellt.

Wenn es zwischen meinen Eltern allzu spannungsreich wurde, dann fing mein Vater meistens an zu lächeln und sagte zu meiner rothaarigen Mutter: „Ich mag es, wenn dein Gesicht die Farbe deiner Haare annimmt."

Mark und ich haben unseren eigenen „Flicken", mit dem wir die meisten unserer kleinen Konflikte lösen können: An den ungeraden Tagen des Monats habe ich recht und Mark an den geraden. Wenn wir uns wegen der Richtung, die wir beim Spaziergang einschlagen sollen, oder wegen der Zeit, zu der Mark nach Hause kommen wollte, in der Wolle haben, dann unterbricht einer von uns den Streit mit der Frage: „Welches Datum haben wir heute?“ So lassen wir den Kalender entscheiden, wer von uns im Recht ist.

Aber nicht alle Flicken müssen so witzig sein. Manchmal genügt auch eine einfache Bemerkung wie: „Ich kann dich gut verstehen“ oder: „Ich fürchte, ich habe gar nicht richtig begriffen, was du gesagt hast.“ Wichtig ist, dass der Ehepartner den Faden aufnimmt. Wenn Ihr Mann Ihnen einen Flicken anbietet, auch wenn dieser nicht so perfekt erscheint, dann haben Sie die Wahl: Entweder Sie beharren auf Ihrem Standpunkt, was dazu führen kann, dass Ihr Mann „überflutet“ wird und Ihnen immer mehr Widerstand entgegenbringt. Oder Sie machen mit und bieten ihm ebenfalls einen Flicken an.

Ich werde nie vergessen, was unsere Freunde Rudy und Betty uns einmal anvertrauten. Sie waren im Auto unterwegs, und nach einem heftigen Streit herrschte zwischen ihnen eine ungemütliche Funkstille. Zehn Minuten vergingen, dann beschloss Rudy, es mit etwas Spielerischem zu versuchen. Damals war ihm nicht klar, dass es sich dabei um einen „Flicken“ handelte, aber es war ganz bestimmt einer. Als sie an einer ziemlich großen Herde von Maultieren vorbeifuhren, fragte er mit lustigem Unterton: „Verwandte von dir?“

An diesem Punkt hatte Betty die Wahl. Sie konnte die Spannung aufrechterhalten (und so die unangenehme Stimmung während der Fahrt verlängern), oder sie konnte es wie ihr Mann mit einer gewissen Leichtigkeit versuchen. Sie entschied sich für das Letztere und erwiderte: „Na, klar, aber aufseiten meines Mannes."

Die Bereitschaft, etwas Spielerisches zu riskieren und sich darauf einzulassen, wenn der andere es versucht, ist ein schöner Weg, damit unsere Liebe für uns wichtiger bleibt als unsere Konflikte.

Nur für den Fall, dass Sie sich gefragt haben, wie es mit dem Dusch-Terror weiterging: In den letzten 23 Jahren konnte ich meinen Mann mehr als einmal mit einem Krug Eiswasser in der Dusche überraschen …

Ich weiß, dass ich im Recht bin, denn heute ist ein ungerader Tag.

Tipp Nr. 8:

Konflikte sind in einer Ehe unvermeidlich. Seien Sie zur Vergebung bereit, beschweren Sie sich konkret, statt pauschal zu kritisieren, machen Sie in der Hitze des Gefechts eine Pause, lernen Sie Ihre Differenzen zu flicken und erwarten Sie vor allem nicht, dass sich jeder Konflikt lösen lässt!

9. Geld:
Der andere Liebhaber

Geld ist etwas Wunderbares, aber möglicherweise zahlen wir einen zu hohen Preis dafür.
Autor unbekannt

Eine Gruppe von Männern ist gerade mit dem Sporttraining fertig und unterhält sich noch in der Umkleide. Das Klingeln eines Handys unterbricht ihre Gespräche. Einer der Männer nimmt das Gerät und wirft einen Blick auf das Display, auf dem der Name des Anrufers angezeigt wird: „Meine Frau." Er schaut sich im Raum um, nimmt ab und sagt Hallo.

Die Stimme der Frau am anderen Ende der Leitung klingt begeistert. „Schatz", sagt sie, „du weißt doch, dass wir uns neulich ein paar Autos angesehen haben?"

Er zögert etwas skeptisch und antwortet langsam „Mhm."

„Also, ich glaube, ich habe den perfekten Wagen für uns gefunden. Er kostet ein bisschen mehr, als wir ursprünglich ausgeben wollten, aber er würde dir gefallen!"

Sie holt kaum Luft, während sie weiterspricht: „Es ist ein kleiner roter Mercedes, ein Cabrio. Auf dem Preisschild steht 40.000 Euro, aber ich denke, sie hätten auch mehr verlangen können, oder?"

Er überlegt einen Augenblick. „Das hört sich für mich nach einem fairen Preis an. Ich würde drauf zugehen und ihnen zahlen, was sie verlangen. Ich möchte einfach nur, dass du glücklich bist."

Er kann förmlich hören, wie sie strahlt, als sie ihm antwortet: „Also, dann kaufe ich ihn jetzt sofort."

„Ja, gut. Hab noch einen schönen Tag!" Er klappt das Handy zu und schaut sich in der Umkleide um.

Mit einem Grinsen quer über das ganze Gesicht ruft er: „Hey, weiß irgendjemand, wem das Handy hier gehört?"

Wenn's um Geld geht, hört der Spaß auf

Eines habe ich im Lauf der Zeit gelernt: Wenn eine Unterhaltung über Geld in meiner Ehe reibungslos verläuft, dann muss ich mich erst einmal überzeugen, ob es wirklich mein Mann ist, mit dem ich da rede! Im wahren Leben kann der Umgang mit Geld zu den größten Herausforderungen in der Ehe werden.

Wissenschaftler haben herausgefunden, dass fast 70 Prozent der verheirateten Frauen Geld als den größten Stressfaktor in ihrer Ehe sehen.[26] Und eine Umfrage hat ergeben, dass finanzieller Druck mit Abstand das Hauptproblem bei Familien ist. Was einen nicht besonders überrascht. Erstaunlich ist nur, dass danach lange nichts kommt. Während die meisten der Befragten angaben, finanzielle Schwierigkeiten seien ihre größte Herausforderung, wurde das zweitgrößte Problem (Gesundheit und medizinische Versorgung) nur von sechs Prozent als Antwort genannt.

Wenn man bedenkt, was für eine große Rolle finanzielle Probleme in einer normalen Ehe spielen können, dann wundert man sich, dass so viele Paare auf diese Herausforderung überhaupt nicht vorbereitet sind. Tatsächlich hat nur etwa jedes zehnte Paar, mit dem wir uns unterhalten, ein Familienbudget aufgestellt. Bevor sie vor den Altar treten, gehen die meisten Paare mit den Warnungen vor finanziellen Problemen in der Ehe so ähnlich um wie mit den Sicherheitsanweisungen, die sie bei einer Flugreise vom Personal erhalten.

Ich frage mich: Was wäre, wenn alle Flugpassagiere wüssten, dass sie mit mehr als 50-prozentiger Sicherheit die Schwimmwesten oder die Sauerstoffmasken auf diesem Flug brauchen werden? Ich weiß nicht, wie Sie darüber denken; ich jedenfalls würde den Anweisungen des Personals ganz genau zuhören.

Auf derselben Seite stehen

Es gibt viele Gründe, warum Paare sich in finanziellen Fragen nicht auf die Ehe vorbereiten. Die Idealisten sagen: „Geldprobleme lösen sich von alleine, wenn wir uns nur genug lieben." Die passiv-aggressiven Ehepartner sagen: „Wenn's ums Geld geht, lächle ich und nicke, und dann kaufe ich mir, was ich will." Die Spezialisten für Vermeidungsstrategien sagen: „Geld führt bei uns immer zum Streit, also reden wir einfach nicht mehr darüber."

Paare, die über ihre Finanzen nicht miteinander sprechen, geraten oft in schweigsame Pattsituationen, die niemanden glücklich machen. Nur wenige Probleme können das Band der Ehe so aufreiben wie verschiedene Erwartungen in Sachen Geld, über die nicht gesprochen werden. Was Sie und Ihr Mann brauchen, sind ein paar wenige Schritte, die Ihnen helfen, Ihre Finanzen so einzuteilen, dass Sie beide auf derselben Seite stehen.

Unser Geld

Beginnen Sie mit der Vereinbarung, dass Ihr Einkommen ab der Hochzeit in einen einzigen Topf kommt, auf dem steht: „unser Geld". Wenn Sie 100 Prozent Ihres Einkommens auf einem gemeinsamen Konto aufbewahren, dann vermeidet das viele unnötige und möglicherweise explosive Konflikte:

- Sie vermeiden Streitigkeiten darüber, wer welche Rechnung bezahlen soll.
- Sie haben keine nach „mein" und „dein" aufgeteilten Gelder oder Rechnungen mehr, was leicht zu gegenseitigen Vorwürfen führen kann.
- Sie stehen beide auf derselben Seite und können gemeinsam kreative Lösungen für die vielfältigen finanziellen Herausforderungen in Ihrer Ehe finden.
- Ihr Ego wird nicht so leicht angekratzt, wenn einer von Ihnen deutlich mehr verdient als der andere.

Die „Eheversicherungsprämie"

So weit, so gut. Was aber passiert, wenn einer von Ihnen einen Teil von „unserem Geld" für etwas ausgibt, was der Partner für unsinnig hält? Vielleicht sind Sie der Überzeugung, dass eine Zitruspresse für 250 Euro eine absolute Notwendigkeit ist; Ihr Mann dagegen meint, eine neue Golfausrüstung für 360 Euro wäre viel wichtiger. So verrückt das auch klingen mag, doch so manche Ehe wurde durch noch viel unwichtigere Probleme in tiefe Krisen gestürzt.

Um Notlagen wie diese zu vermeiden, haben wir uns etwas ausgedacht, das wir die „Ehe-Versicherungs-Prämie" (EVP) nennen. Und das funktioniert folgendermaßen: Zu Beginn jedes Monats bezahlen Sie aus dem Topf „unser Geld" als eine der ersten Rechnungen Ihre EVP. Hier sind allerdings keine Institutionen oder Versicherungsgesellschaften im Spiel, denn Sie zahlen das Geld an sich selbst aus. Jeder von Ihnen hat das Recht, über einen bestimmten Betrag im Monat ganz allein zu verfügen.

Die EVP muss nicht unbedingt für Sie beide gleich hoch sein. Zum Beispiel könnten Sie sich einigen, dass Sie 70 Euro bekommen und Ihr Mann 40 Euro. Sie können das Geld auf ein eigenes Konto einzahlen oder es ansparen, um sich die Zitruspresse davon zu kaufen. Ihr Mann kann sein Geld in einen neuen Golfschläger investieren. Die einzige Regel dabei lautet, dass keiner den anderen für das kritisiert, was er mit seiner EVP macht.

Mithilfe dieser Vereinbarung kann jeder Partner ein paar eigene finanzielle Entscheidungen treffen, ohne dass es dadurch zu Reibungspunkten kommt. Wir nennen das Ganze eine „Versicherung", weil es Sie vor möglicherweise zerstörerischen Konflikten in Sachen Finanzen bewahren kann – und es ist auf jeden Fall billiger als eine Eheberatung oder Scheidung.

Die Ausgabenplanung

Nachdem Sie sich mit der EVP einen jeweils eigenen finanziellen Spielraum geschaffen haben, können Sie jetzt die gemeinsame Ausgabenplanung in Angriff nehmen. Mir gefällt der Begriff „Ausgabenplanung“ besser als der Begriff „Budget“, denn die Ausgabenplanung regelt, wofür wir Geld ausgeben können, während das Budget nur regelt, wofür wir nichts ausgeben dürfen.

Das Geheimnis besteht nicht darin, noch mehr Geld zu bekommen. Statistiken von Lebensversicherungsgesellschaften besagen, dass die von ihr ausgezahlten Summen in der Regel innerhalb von sechs Monaten aufgebraucht werden. Dasselbe gilt für Lottogewinne.

Wenn wir beobachten, wie andere Paare aus unserem Freundeskreis mit ihrem Geld umgehen, finden wir in ihrem Ausgabenplan fast immer dieselben zwei Prioritäten: spenden und sparen. Paare, die sich auf diese zwei Prioritäten geeinigt haben, stellen oft fest, dass ihnen die weitere Ausgabenplanung dann viel leichter fällt. Auch wenn Ihre Lebensumstände möglicherweise andere Prozentsätze erfordern, lässt sich die einfachste Strategie mit folgender Formel zusammenfassen.

- Spenden Sie 10 Prozent.
- Sparen Sie 10 Prozent für langfristige Ausgaben an (eigene Altersvorsorge und Ausbildungskosten der Kinder).
- Sparen Sie 10 Prozent für kurzfristige Ausgaben an (z. B. Autokauf, Möbelkauf oder Wohnungsrenovierung).
- Setzen Sie 70 Prozent als „unser Geld“ ein (einschließlich der Ehe-Versicherungs-Prämie) und bezahlen Sie Ihre Rechnungen damit.

Der ganze Prozess lässt sich wie folgt bildlich darstellen:

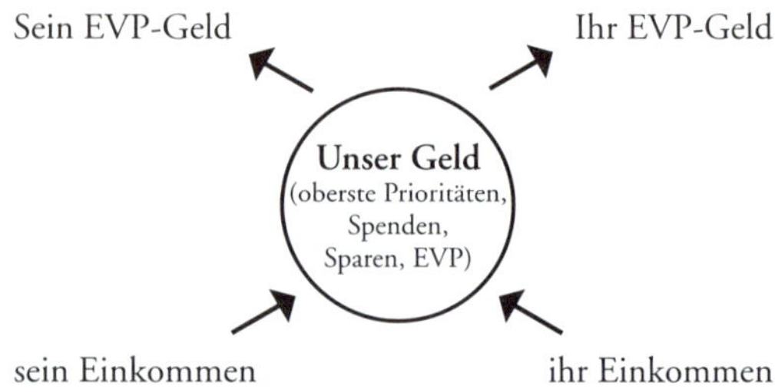

Wenn Sie mit Ihrer Ausgabenplanung beginnen, listen Sie zuerst auf, worin Ihr monatliches Einkommen besteht: Ihr Gehalt, das Gehalt Ihres Mannes, regelmäßige Zuwendungen, Zinsen. Danach listen Sie alle Ausgaben auf, die Ihnen einfallen, und ordnen sie bestimmten Kategorien zu: Spenden, sparen, EVP, Wohnungs-Ausgaben (Miete oder Raten zur Abzahlung), kleinere Anschaffungen, Ausgaben für das Auto, Kleidung, Einkäufe, Reisen, Telefonkosten, Abonnements, Persönliches (Frisör, Reinigung), Versicherungsprämien, Wohnungsausstattung, Geschenke und vieles andere.

Von nun an stehen Sie beide auf derselben Seite und bestimmen gemeinsam, wie viel Sie in jeder der Kategorien ausgeben möchten.

Einstellungen zum Geld, die eine Ehe ruinieren können

Geld an sich verursacht keine Konflikte in der Ehe. Was zu Streitigkeiten führt, sind immer die unausgesprochenen Erwartungen, die Sie und Ihr Mann mit in die Ehe bringen.

Wenn Sie als Frau eine der folgenden Einstellungen haben, dann wird es auf jeden Fall problematisch werden:

„Geld ist allein Sache meines Mannes."

Albert und Jennifer waren finanziell gut gestellt, als sie heirateten. Beide hatten anspruchsvolle Jobs mit einem entsprechend hohen Einkommen. Jennifer war im Beruf sogar so erfolgreich, dass sie 70.000 Euro an Ersparnissen mit in die Ehe brachte. Nach der Heirat kümmerte sich Albert um alle Geldangelegenheiten – die Versicherungen, die Sparkonten, die Rechnungen. Er traf fast jede finanzielle Entscheidung allein und Jennifer war ganz froh, dass sie sich darüber keine Gedanken zu machen brauchte.

Als das erste Kind geboren wurde, wollte Jennifer zu Hause bleiben. Albert stimmte zu und meinte, dass sie es finanziell schon schaffen würden. So behielten sie ihren gewohnten Lebensstil bei. Doch dann wurde Albert arbeitslos. Trotzdem versicherte er Jennifer immer wieder, dass alles in Ordnung sei. Sie stellte weiter keine Fragen und gab ihr Geld auf dem üblichen Niveau aus.

Zwischendurch fand Albert hin und wieder ein paar kurzfristige Beschäftigungen, doch im dritten Jahr seiner Erwerbslosigkeit begannen die Probleme. Er fing an, Jennifers Ausgaben zu beschränken, und sie fing an, Fragen zu stellen. Was sie dabei herausfand, war schockierend und beunruhigend: Innerhalb der vergangenen zwei Jahre hatten sie ihre gesamten Ersparnisse aufgebraucht. Und im Moment hatten sie sogar Schulden.

Jennifer hatte gedacht, sie sei eine gute Ehefrau, wenn sie ihren Mann unterstützte und keine Fragen stellte. Albert wollte Jennifer beschützen, indem er die schlechten Nachrichten von ihr fernhielt und auf eine Wendung hoffte. Beide versuchten das Richtige zu tun und wollten einander so ihre Liebe zeigen. Doch mit dieser Lebensweise wurde Albert eine viel zu große Last aufgebürdet, die er nie allein hätte tragen sollen, und es endete damit, dass seine Frau verzweifelt war und sich betrogen fühlte.

Für Paare, die so lange nicht über ihre Finanzen reden, bis es Probleme gibt, sind Konflikte vorprogrammiert – Konflikte, von denen sie sich vielleicht nie mehr erholen können. Es mag zu Beginn Ihrer Ehe bequem sein, die Verantwortung in Sachen Geld an den Partner abzugeben, aber hilfreich ist es nie.

„Es ist einfacher, hinterher um Entschuldigung zu bitten, als sich vorher die Erlaubnis einzuholen."

In Bobbies Bekanntenkreis gibt es eine Frau, die nach dem Motto einkauft: „keine nachweisbaren Spuren hinterlassen". Also benutzt sie ihre EC- und ihre Kreditkarten nur dann, wenn es unumgänglich ist, damit ihr Mann nie weiß, wo sie ihr Geld gelassen hat.

Das Verrückte daran ist, dass Julia eigentlich gar nichts zu verbergen hat. Sie unterhält keinen Drogenschmugglerring, und sie verspielt ihr Geld auch nicht. Sie kauft nur ein paar Extrasachen für sich selbst, für das Haus und ab und zu auch kleine Überraschungen für ihren Mann. Sie liebt einfach die Freiheit, diese Dinge anschaffen zu können, „ohne um Erlaubnis zu bitten". Mit ihrem kleinen Beratungsdienst verdient sie genug „eigenes" Geld, um das alles unbemerkt zu tun.

Natürlich ist Julias Wunsch, ein paar diskrete eigene Entscheidungen in Sachen Geld zu treffen, ganz in Ordnung. Sie möchte wie eine Erwachsene behandelt werden. Doch in Wirklichkeit vertraut sie ihrem Mann nicht genug, um sich mit ihm an einen Tisch zu setzen und offen mit ihm über das zu sprechen, was sie tut. „Es ist einfacher, hinterher um Entschuldigung zu bitten, als sich vorher die Erlaubnis einzuholen", ist ihre Einstellung. Doch diese führt letztendlich nur zu Geheimnistuerei, Misstrauen und Versteckspielen – ein Muster, das irgendwann auch auf andere Bereiche der Partnerschaft übergreifen kann.

Was kluge Frauen dazu sagen

Ich habe einige verheiratete Frauen zum Thema Finanzen befragt. Ich wollte von ihnen wissen: „Wenn du einer frisch verheirateten Frau einen einzigen Rat geben dürftest, wie man richtig mit Geld umgeht, was würdest du ihr dann sagen?" Hier also die Tipps, die direkt von der „Front" kommen:

„Sich über Geld Gedanken zu machen, ist weder ungeistlich noch unromantisch."

Man muss nicht viel im Neuen Testament lesen, um festzustellen, dass Gott unsere Einstellung zum Geld sehr wichtig findet. Es gibt dort fünfmal mehr Stellen zu diesem Thema als über das Gebet. Wenn Sie alle Hinweise zusammennehmen, die sich in der Bibel zu Himmel oder Hölle finden, dann sind es immer noch weniger als diejenigen, die vom Geld handeln. Und es mag Sie überraschen oder auch nicht: Von den 38 Gleichnissen, die Jesus erzählt, haben tatsächlich 16 in irgendeiner Weise mit Finanzen zu tun.

Vielleicht denken Sie: „Wenn ich einen romantischen Abend mit meinem Mann verbringe oder wir ein ausführliches Gespräch über geistliche Fragen führen, dann reicht das für eine tiefe Verbundenheit zwischen uns aus." Tatsache ist aber auch: Wenn Sie das Gespräch über finanzielle Fragen vernachlässigen, bedeutet das ein Hindernis für Ihre Verbundenheit miteinander. Je früher und je klarer Sie miteinander über Geld sprechen, desto freier werden Sie, sich mit dem zu beschäftigen, was Ihnen am wichtigsten ist.

„Nichts brauchen wir im Moment so dringend, dass wir uns dafür in Schulden stürzen müssen."

Nach neuesten Schätzungen hat jeder durchschnittliche amerikanische Haushalt Schulden in Höhe von 23.000 Dollar, Hypotheken nicht eingeschlossen. Wenn wir einen moderaten Zinssatz von 10 Prozent annehmen, dann bezahlt das durchschnittliche Paar 2300 Dollar pro Jahr allein an Zinsen. Würde ein junges Paar diese Art von Schulden vermeiden und stattdessen 2300 Dollar pro Jahr ansparen, dann hätte es nach zwanzig Jahren Ehe ein sattes finanzielles Polster von 100.000 Dollar, je nach Zinssatz. Sie und Ihr Mann könnten also in den Genuss einer solchen Geldsumme kommen und dabei keinen Cent mehr ausgeben, als das durchschnittliche Paar allein an Zinsen zu bezahlen hat.

Viel zu viele junge Paare gefährden ihre Zukunft nur für ein paar Dinge, die sie unbedingt jetzt haben möchten. Dabei können hohe Schulden enormen Druck auf die Ehe ausüben. Besonders im ersten Ehejahr ist es wichtig, frei von solchen Schulden zu sein, die nicht aus dem Kauf eines Hauses stammen.

Daniel und Doreen haben den Grundsatz: „Erst einmal ab nach Hause." Wenn sie in einem Geschäft etwas gesehen haben, das ihnen gefällt und das mehr als 200 Dollar kostet, dann lassen sie es für 24 Stunden dort stehen und gehen zuerst nach Hause. Was einem an dem Tag gefallen hat, ist vielleicht am nächsten Tag gar nicht mehr so verlockend. Und wenn der erste Reiz abgeklungen ist, kann man in Ruhe entscheiden, ob man diese Sache wirklich braucht oder nicht.

„Wenn wir irgendwann mit einem einzigen Gehalt auskommen wollen, dann sollten wir uns schon jetzt darin üben."

Anna und Andreas waren Mitte zwanzig, als sie heirateten, und sie wussten von Anfang an, dass sie Kinder haben wollten. Anna – so war ihnen bald klar – sollte dann nicht mehr arbeiten, sondern sich zu Hause um die Kinder kümmern. Da sie im Moment noch beide Geld verdienten, hatten sie einen gewissen Lebensstandard. Bevor sie ein Kind bekamen, waren die beiden es gewohnt, neue Autos zu fahren, ein großes Haus zu bewohnen (verbunden mit einem entsprechend hohen Kredit), häufig essen zu gehen und teure Reisen zu unternehmen.

Im vierten Ehejahr wurde Anna schwanger, und da merkten die beiden, dass ihnen harte Zeiten bevorstanden. Als sie ihre künftigen Ausgaben betrachteten, die mit nur noch einem Gehalt bestritten werden mussten, waren sie schockiert. Ihnen wurde plötzlich klar, was es bedeutete, ein Kind zu haben und als Familie von einem Gehalt leben zu müssen. Nun mussten sie sich entscheiden: Entweder sie schraubten ihren Lebensstandard beträchtlich herunter oder Anna würde doch weiterarbeiten müssen. Schweren Herzens entschlossen sie sich, ihren Lebensstil zu ändern. Das Schild „zu verkaufen", das von nun an in ihrem Vorgarten stand, erinnerte sie schmerzlich an ihre schlechte Planung.

Es wäre viel einfacher gewesen, wenn Anna und Andreas schon in den ersten Jahren ihrer Ehe gelernt hätten, mit nur einem Gehalt auszukommen. Dann hätten sie drei Jahresgehälter von Anna ansparen können und sich damit ein Polster geschaffen, das ihren Lebensstandard erhöht hätte, als das Baby kam.

Wie packen wir's an?

Wir trafen uns mehrmals mit Mike und Lisa, bevor sie heirateten. Abgesehen von den regelmäßigen Ehekursen baten sie uns zusätzlich um Hilfe, weil das Thema Geld bei ihnen immer mit Spannungen verbunden war. Sie waren klug genug zu merken, dass ihr Verhaltensmuster sie sonst ihr ganzes Leben lang verfolgt und frustriert hätte. Also entschlossen sie sich noch vor der Hochzeit, bewusst andere Verhaltensweisen einzuüben. Sie wussten, dass sie nie die Ehe führen könnten, von der sie geträumt hatten, wenn sie nicht ohne Groll miteinander über Geld sprechen konnten.

Uns beeindruckte bei den beiden, dass sie nicht aufgeben wollten, bis sie eine Strategie für sich gefunden hatten, die wirklich funktionierte. Zunächst einmal unternahmen Mike und Lisa all das, wovon Sie in diesem Kapitel schon gelesen haben – sie stellten einen Ausgabenplan auf und richteten eine monatliche EVP ein. Sie besuchten sogar einen Kurs zur Finanzplanung. Außerdem probierten sie ein paar verrückte Ideen aus: Sie erfanden einen speziellen Tanz, den sie immer dann miteinander tanzten, wenn das Thema Finanzen bei ihnen spannungsreich zu werden drohte. Dazu gehörte ein besonderes Lied, das sie mit bestimmten Bewegungen sangen und das sie nie zu Ende brachten, ohne lachen zu müssen. Eine Zeit lang setzten sie sogar jedes Mal Pappnasen auf, wenn sie sich über Geld unterhalten mussten. (Das ist kein Witz!)

Doch jetzt, nach zehn Jahren Ehe, würden Lisa und Mike Ihnen erzählen, dass keine dieser Strategien wirklich funktionierte. Das Einzige, was tatsächlich half, war ihre kompromisslose Entschlossenheit, sich von diesen zersetzenden Verhaltensmustern zu befreien, die sie gegeneinander aufbrachten und ihnen das Geld wichtiger erscheinen ließen als ihre Ehe.

Wo packen Sie es an? Wie wäre es, wenn Sie den Entschluss fassen, sich in diesem Jahr ein Verhaltensmuster anzueignen, mit dem Sie beide ohne Spannungen über Geld reden und verhandeln können, ohne diesen selbstzerstörerischen Ernst, der so viele finanzielle Gespräche zwischen Paaren kennzeichnet? Beginnen Sie, indem Sie sich gemeinsam vornehmen, im selben Team zu bleiben und auf derselben Seite zu stehen. Ihre oberste Priorität sollte es nicht sein, ein ganz bestimmtes finanzielles Problem zu lösen, sondern es so anzupacken, dass das Geld niemals einen Keil zwischen Sie beide treiben kann.

Tipp Nr. 9:

Der Umgang mit Geld kann in einer Ehe zum Konfliktthema werden. Reden Sie von Anfang an offen über Ihre Finanzen und erstellen Sie gemeinsam ein Budget – damit Geld niemals einen Keil zwischen Sie beide treiben kann.

10. Sex:

Besser als Schokolade

Die Sexualität in der Ehe kann für einen Mann nicht dauerhaft befriedigend sein, solange die wichtigsten Bedürfnisse seiner Frau nicht gestillt sind.

Neil Clark Warren, *Alles Lambada! Es darf ruhig Spaß machen, verheiratet zu sein.*

Der Tag beginnt für Nick wie sonst auch. Er muss los zur Arbeit, während Cathy noch ein bis zwei Stunden länger schlafen kann. Während er sich anzieht, verspürt er den intensiven Wunsch, noch einmal unter die Decke zu seiner jungen Frau zu schlüpfen. Doch er tut es nicht. Cathy ist seit einiger Zeit durch ihren neuen Job sehr gestresst. Bestimmt wäre es das Letzte für sie, von ihrem Mann geweckt zu werden, der sie mit Zärtlichkeiten überschüttet. Nick gibt sich Mühe, Cathy nicht zu stören. Als er losfährt, freut er sich schon auf den Abend, den sie zusammen verbringen werden.

Den Tag über hat Nick oft sexuell gefärbte Gedanken. Sie werden durch den Blick auf eine attraktive Frau hervorgerufen, durch aufreizende Kleidung oder auch nur durch die freundliche, ermutigende Bemerkung einer Kollegin. Es braucht nicht viel dazu. Häufig genügt schon das Titelbild einer Zeitschrift, eine Werbetafel oder ein Lied im Radio. Und manchmal denkt er sogar ohne irgendeinen ersichtlichen Grund an Sex.

Nick ist keineswegs sexabhängig. Er ist fest entschlossen, ein aufrichtiges, anständiges Leben zu führen. Er liebt seine Frau sehr und will ihr auch in Gedanken unbedingt treu sein. Also hat er Folgendes beschlossen: Wenn eine Person oder ein Bild bei ihm sexuelle Gedanken hervorruft, dann will er diese Gedanken immer ausschließlich auf seine Frau zurücklenken.

Um 18 Uhr fährt er nach Hause. Er stellt sich vor, wie er und seine Frau sich in dieser Nacht lieben werden. Weil er ihr treu sein will, hat er diese Szene in seinen Tagträumen wohl zehnmal durchlebt, vielleicht auch öfter. Doch kaum hat er die Wohnung betreten, merkt er, dass sein Ausflug ins Reich der Fantasie beendet ist.

Cathy begrüßt ihn an der Tür mit einem kühlen Hallo und erinnert ihn sofort daran, dass er vergessen hat, die Mülltonnen an die Straße zu stellen. „Jetzt haben wir die Müllabfuhr verpasst und unsere Tonnen quellen über." Auf dem Weg zum Wohnzimmer lässt sie ihn wissen, dass sein durchgeschwitzter Jogginganzug noch genau da liegt, wo er ihn hingeworfen hat, nämlich vor dem Kleiderschrank.

Obwohl Cathy sich offensichtlich über ihn geärgert hat, nimmt Nick sie in den Arm und versucht es mit einem kurzen, aber aufrichtigen Kuss. Sie schiebt ihn weg, wirft ihm einen missbilligenden Blick zu und meint: „Komm jetzt bloß nicht auf irgendwelche Gedanken."

Jetzt auf irgendwelche Gedanken kommen?, denkt Nick. *Ich habe diese Gedanken schon seit fünf Uhr heute Morgen!*

Er gibt auf, trottet ins Wohnzimmer, lässt sich in den

Sessel fallen und nimmt die Fernbedienung. Der Rest des Abends verläuft in eisigem Schweigen.

So muss es nicht ablaufen. Eine Frau, die versteht, was in ihrem Mann sexuell vorgeht, und die sein sexuelles Interesse an ihr als Zeichen seiner Treue sieht statt als Zeichen von Egoismus, hat am Ende ein viel erfüllteres, schöneres Liebesleben. Doch eine solche intime Vertrautheit, die für beide gleichermaßen schön und befriedigend ist, stellt sich nicht von alleine ein.

Natürlich sind Momente der sexuellen Ekstase in jeder Ehe vorhanden. Doch wir wünschen uns ja mehr als nur ein paar Momente davon. Wir wünschen uns in dieser Hinsicht einen Lebensstil, der für uns selbst und für unseren Mann gleichermaßen befriedigend ist, und zwar dauerhaft und immer besser und schöner. Aber all das beginnt damit, dass wir uns selbst begreifen.

Die Macht der Gewohnheit

Eine junge Frau, die ihr Herz behütet und sich für ihren Mann aufgehoben hat, beginnt die Ehe mit dem Geschenk der Unerfahrenheit in sexuellen Dingen. Sich von der jungfräulichen Braut zur Gespielin ihres Mannes zu entwickeln, kann daher eine große Herausforderung für sie sein. Glücklicherweise wissen wir heute mehr darüber, wie wir uns auf das Liebesleben in der Ehe vorbereiten können, als zur Zeit von Königin Victoria, die ihren Töchtern für die Hochzeitsnacht den Rat gab: „Schließt die Augen, beißt die Zähne zusammen und betet für das Empire."[27]

Jahrelang haben Sie Ihre sexuellen Wünsche in den Hintergrund gestellt und damit Ihre Treue zu Gott und zu Ihrem künftigen Mann bewiesen. Doch nun sollen Sie diese Treue genau durch das Gegenteil zeigen. Wundern Sie sich also nicht, wenn es Ihnen im ersten Jahr gar nicht so leichtfällt, Ihr bisher gewohntes „Nein. Nein! *NEIN!*" in ein „Ja. Ja! *JA!*" zu verwandeln.

Beim Sex geht es nicht einfach nur darum, die Bedürfnisse Ihres Mannes zu erfüllen. Es geht darum, dass zwei beste Freunde einfach loslassen können und wunderbaren Spaß miteinander haben, dass Sie und Ihr Mann sich gegenseitig entdecken und einander zu dem natürlichsten und schönsten Spiel einladen, das ein Paar gemeinsam erleben kann. Paare, die ein erfülltes Liebesleben genießen, eine stabile Beziehung führen und ansteckende Freude um sich verbreiten, sind meistens Menschen, die gelernt haben, einander mit der Leichtigkeit und Fröhlichkeit von Kindern zu begegnen.

In den Ehevorbereitungsgesprächen sagen wir unseren Paaren immer, dass sie das Ziel verfehlen, wenn ihre intime Begegnung nicht sehr viel Spielerisches an sich hat. Guten ehelichen Sex erreicht man nicht, indem man „das Richtige tut", sondern indem man spielerisch experimentiert – anfangs vielleicht etwas ungeschickt –, bis man lachend und eher zufällig über das stolpert, was die größte Freude und Befriedigung mit sich bringt.

Lernen Sie schon früh in Ihrer Ehe, Ihr Liebesleben als stressfreien Spielplatz zu betrachten. Denn das bereitet Sie bestens auf die Zeiten vor, in denen Sex eher nach Arbeit als nach Spaß klingt. Wenn Sie diesen spielerischen Geist in Ihrer Ehe nicht pflegen, dann werden die intimen Begegnungen mit Ihrem leidenschaftlich verliebten Mann bei Ihnen regelmäßig Ablehnung und Ärger hervorrufen. Sehe ich aber die Annäherungsversuche meines Mannes nicht als Forderung nach einer Leistung an, sondern als Einladung, miteinander zu lachen und Spaß zu haben, dann geht es mir wie der müden Frau mit der zerzausten Frisur, die sich alles andere als attraktiv fühlte und ihrem Mann scherzend entgegenhielt: „Du hast offensichtlich einen schlechten Geschmack, was Frauen betrifft."

Ich schaue mir im Fernsehen gern Tiersendungen an. Ob es dabei um Krokodile geht oder jemand über ausgeflippte junge Elefanten berichtet – diese Sendungen finden immer meine Aufmerksamkeit. Kürzlich sah ich einen Bericht über Otter und Affen, bei dem mir ein Satz im Gedächtnis haften blieb: Es sind immer die intelligentesten Tiere, die wissen, wie man spielt. Dasselbe gilt auch für uns. Wir sind immer dann am besten – ob in der Ehe, im Beruf oder im Alltag –, wenn wir gelernt haben zu spielen. Und in der Ehe ist das Bett der große Spielplatz.

Wenn ich die intime Begegnung als Spiel bezeichne, dann denken manche Frauen, ich meine damit fummeln und wild im Bett herumtoben. Na ja, nicht unbedingt. Es geht ja hier um einen sehr empfindsamen Bereich unseres Lebens, und da wollen Frauen wie Sie und ich ernst genommen werden; wir wünschen uns, dass unser Mann mit leisen, romantischen Worten und voll liebevollem Respekt mit uns spricht.

Zum Schluss noch eine wichtige Bemerkung: Für Frauen, die sexuell missbraucht worden sind, wird es zweifellos schwer sein, sich auf dieses schöne Spiel mit ihrem Mann einzulassen. Oft reagieren sie auf körperliche Annäherungsversuche mit heftiger Ablehnung. Wenn eine Frau eine solche Vergangenheit hinter sich hat, kommt es im sexuellen Bereich zu Konflikten mit ihrem Mann, weil sie mit etwas zu kämpfen hat, auf das er keinen Einfluss nehmen kann. Trifft diese Beschreibung auf Sie zu, dann sollten Sie sich von Ihrer Vergangenheit nicht davon abhalten lassen, die sexuelle Gemeinschaft mit Ihrem Mann zu genießen – denn Sie sind so geschaffen worden, dass Sie sie genießen können. Suchen Sie schon früh in Ihrer Ehe die Hilfe eines qualifizierten christlichen Therapeuten. So können Sie Heilung erfahren und auch die sexuelle Verbindung zu Ihrem Mann als etwas Befriedigendes erleben.[28]

Wie Sie bekommen, was Sie sich wünschen: Sie sind seine einzige Lehrerin

Obwohl wir von Königin Victorias Einstellung zur Sexualität weit entfernt sind, meinen doch noch viel zu viele Frauen, sie müssten Sex erdulden, statt ihn zu genießen. Ich sah die Resignation in den Augen einer jungen Braut, die sagte: „Ich frage mich nur – wie oft muss ich das eigentlich tun?"

Vielleicht gehören Sie aber zu den Frauen, denen es nicht schwerfällt, Sex als etwas Angenehmes zu betrachten; und vielleicht hat die oben beschriebene Macht der Gewohnheit auf Sie nur einen begrenzten Einfluss. Ihr Problem ist ein ganz anderes: Für Sie ist die intime Begegnung nämlich nicht immer besonders befriedigend.

In diesem Fall habe ich eine gute und eine schlechte Nachricht für Sie:

- Die gute Nachricht ist, dass Ihr Mann es lernen kann, Ihnen im sexuellen Bereich viel Freude zu bereiten.
- Die schlechte Nachricht ist, dass Sie es ihm beibringen müssen.

Und hier noch mehr gute und schlechte Nachrichten:

- Die gute Nachricht ist, dass Sie relativ schnell herausfinden werden, was ihm gefällt.
- Die schlechte Nachricht ist, dass es Ihren Mann viel Mühe kostet zu verstehen und zu tun, was Ihnen gefällt.

Als wir verlobt waren, lasen Mark und ich ein christliches Buch über Sex. Ein Kapitel darin trug die verheißungsvolle Überschrift: „Der Schlüssel zur sexuellen Befriedigung der Frau". Schon bald nach unserer Hochzeit machte ich zwei Entdeckungen: 1. Mein Mann war fest entschlossen, diesen „Schlüssel" zu beherrschen und ihn dann in eintöniger Regelmäßigkeit anzuwenden. 2. Auf meiner Erregungsskala rangierte diese Technik knapp unter „Kartoffeln beim Kochen zusehen" – obwohl das Buch etwas anderes behauptete!

Vielleicht hilft Ihnen das folgende Bild aus dem Sport dabei, Ihren Mann etwas besser zu verstehen. Setzen wir einmal voraus, Ihr Mann liebt es, Fußball zu schauen oder selbst zu spielen. Damit ziehen wir den Vergleich zu Ihrem Sexleben. Wenn Sie ihm nichts anderes beibringen, wird das Spiel bei ihm immer ungefähr so aussehen:

Er nimmt den Ball auf und läuft immer über die rechte Flanke in Richtung Tor. Und dann versucht er, den Ball im Netz zu versenken.

Das mag in den Augen Ihres Sporthelden vielleicht wie eine bewährte Strategie wirken, aber für Sie ist es alles andere als ein gelungenes Tor.

Männer – das Geschlecht, dessen sexuelles Verhalten vorhersehbar ist – haben die paradoxe Fähigkeit, ständig an Sex zu denken, aber selten über Sex nachzudenken. Viele Männer gehen einfach davon aus, dass ihre Frauen dieselbe Vorgehensweise mögen wie sie selbst. Allerdings sind wir Frauen in unserem sexuellen Verhalten alles andere als vorhersehbar.

Was für einen Mann noch verwirrender ist: Frauen mögen zu verschiedenen Zeitpunkten verschiedene Dinge. Ich zum Beispiel habe es manchmal gern, wenn ich den Rücken oder die Füße massiert bekomme oder wenn mein Mann mir meine Haare bürstet. Manchmal mag ich – im Bild gesprochen – ein fünfgängiges Menü, während mir das nächste Mal nicht nach einem 45-minütigen Ringkampf zumute ist, sondern nach einer ganz kurzen Runde. Obwohl ich mit einem der liebevollsten und kreativsten Männer der Welt verheiratet bin, würde er es bestimmt jedes Mal falsch machen, wenn ich ihm keine klaren Signale senden würde.

Bereiten Sie sich also darauf vor, Ihrem Mann Ihre Version von Fußball beizubringen, wobei die Regeln folgendermaßen aussehen könnten:

Wenn du den Ball hast, dann lauf ganz langsam nach links, bis du am Rand des Spielfelds angekommen bist. Dort mach ein paar Aufwärmübungen. Dann nimmst du den Ball wieder auf, läufst schnell in einer Diagonalen nach rechts und pflückst am Spielfeldrand ein paar Blumen. Anschließend setzt du dich mit mir auf die Bank und wir reden über das Spiel. Danach trippelst du mit dem Ball wieder eine kleine

Strecke in Richtung Mittelfeld. Und dann kannst du richtig loslegen. Du steuerst das Tor an, aber bitte hör dabei auf meine Zurufe. Vielleicht musst du am Elfmeterpunkt noch einmal kurz anhalten, vielleicht sollst du aber schon direkt aufs Tor zielen. Wenn du auf mich hörst, dann wirst du garantiert gewinnen. Aber was noch viel wichtiger ist: Nächstes Mal, wenn du mich wieder zum Fußball einlädst, sage ich: „Na klar, ich bin dabei!"

Glauben Sie mir: Die Chancen, dass Ihr Mann von selbst herausfindet, was Ihnen beim Liebesspiel gefällt, stehen ungefähr so gut wie dass Ihr Mann Ihnen die richtigen Dinge vom Supermarkt mitbringt, ohne dass Sie ihm eine Einkaufsliste mitgegeben haben.

Im ersten Ehejahr besteht Ihre Aufgabe also darin, Ihrem Mann zu zeigen, was Ihnen gefällt und wie er Sie zufriedenstellen kann. Machen Sie ihn zum Experten, der Ihnen hilft, den Sex zu genießen. All dies setzt natürlich voraus, dass Sie selbst wissen, was Sie sexuell befriedigt – womit Sie sich möglicherweise in unbekannte Gewässer begeben. Aber entspannen Sie sich. Im ersten Ehejahr haben Sie wahrscheinlich den schlechtesten Sex Ihres ganzen Lebens. Machen Sie sich keinen Stress damit, in diesem Jahr unbedingt guten Sex haben zu müssen; Sie haben noch Ihr ganzes Leben vor sich, um daran zu arbeiten. Man kann ja auch nicht erwarten, eine neue Sprache sofort zu beherrschen, nachdem man in dem betreffenden Land sein erstes Gespräch geführt hat. Nehmen Sie dieses erste Jahr als eine Zeit, in der Sie miteinander experimentieren und übereinander lernen. Gott hat sich die körperliche Liebe zwischen den Menschen so gedacht, dass wir einander mit Erfolg

Freude bereiten können – auch wenn wir am Anfang noch nicht so recht wissen, wie das geht.

Vielleicht müssen Sie Ihren Mann im ersten Jahr noch bitten, Sie zuerst auf eine nicht sexuelle Weise zu berühren, bevor es zum Vorspiel übergeht. Sie müssen ihm genau sagen, wo er Sie berühren oder wohin er seine Hand bewegen soll, indem Sie ihn ermutigen: „Versuch es einmal hier." Sie sind so geschaffen worden, dass Sie eine zutiefst erotische, absolut einzigartige körperliche Liebe mit Ihrem Mann genießen können. Und Sie sind eingeladen, eine fröhliche Reise zu unternehmen, auf der Sie gemeinsam mit Ihrem Mann herausfinden, wie er Ihnen Freude bereiten kann.

Sie sitzen am Steuer

Gestatten Sie mir einen etwas unpassenden Vergleich: Mussten Sie schon einmal während einer langen Autofahrt zur Toilette? Und haben Sie dabei bemerkt, wie leicht derjenige, der am Steuer sitzt, Ihr dringendes Bedürfnis unterschätzen kann? Wissen Sie noch, wie frustrierend es ist, wenn der Fahrer aus Versehen „vergessen" hat, dass Sie schon vor einer halben Stunde um einen Halt gebeten haben?

Natürlich ist eine schöne sexuelle Begegnung viel mehr als nur die „Erleichterung" eines dringenden biologischen Bedürfnisses. Doch wenn Sie wirklich verstanden haben, wie groß das Verlangen Ihres Mannes nach Ihnen ist; wenn Sie sich klarmachen, wie er sich fühlt, wenn er da hinten auf dem Rücksitz vergessen wird, dann merken Sie auch, wie oft Sie selbst am Steuer des Wagens sitzen.

Bisher habe ich in diesem Kapitel immer den Mann als denjenigen dargestellt, der die Initiative ergreift, und die

Frau als diejenige, die ihn abweist. Doch in jeder normalen Beziehung ändert sich die Rollenverteilung – mal wird der Mann aktiv, ein anderes Mal die Frau. Egal, wer zuerst die Initiative ergreift, eines bleibt immer gleich: Wer in der Position ist, die Bitte um intime Nähe zu erfüllen oder abzulehnen, der hält die Fäden in der Hand. Die größte Macht hat nicht die Person, die eine Bitte vorbringt; denn sie geht ja das Risiko ein, abgelehnt zu werden.

Wenn Sie am Steuer sitzen, haben Sie die Wahl: Sie können die sexuelle Einladung Ihres Mannes erwidern und so zu einem Erlebnis gelangen, das beide Seiten befriedigt. Eine Frau hat es einmal so ausgedrückt: „Auch wenn ich nicht in der Stimmung bin – mit meinem Mann zu schlafen ist fast immer eine gute Idee."

Nehmen wir ein weiteres Beispiel: Ihr Mann ist frustriert, weil Sie ihn ständig dafür kritisieren, dass er nicht in der Küche mithilft. Der Konflikt wird immer schwieriger, und so suchen Sie uns beide schließlich zu einem Gespräch auf. Als Mark Ihrem Mann vorschlägt, Sie im Haushalt etwas mehr zu entlasten, reagiert dieser empört: „Sie wollen damit doch wohl nicht sagen, dass ich die Küche aufräumen soll, auch wenn ich nicht in der Stimmung dazu bin?"

Inzwischen kennen Sie Mark und mich gut genug, um zu wissen, was wir diesem Mann erwidern werden: „Doch, lieber Freund, genau das meinen wir."

Er wird uns widersprechen: „Aber ich bin einfach nicht gut im Kücheaufräumen. Ich habe einen inneren Widerstand dagegen – vor allem, wenn meine Frau mich so oft darum bittet!"

Wie sollten wir Ihrer Meinung nach darauf reagieren? Vielleicht ja so: „Wenn es Ihrer Frau so wichtig ist, dass Sie die Küche mit aufräumen, dann machen Sie doch nicht so viel Aufhebens darum. Räumen Sie die Küche einfach auf. Wenn Sie sich vor dieser Arbeit drücken, dann schaffen Sie auf lange Sicht viel mehr Frustrationen, als wenn Sie sich einfach an die Spüle begeben."

Sind Sie in Stimmung?

Vor der Hochzeit stellen wir jedem Paar eine einfache Frage: „Wenn Sie demnächst verheiratet sind, was werden Sie tun, wenn einer von Ihnen in der Stimmung für eine intime Begegnung ist und der andere nicht?"

Finden Sie darauf keine Antwort, dann ist der Teufelskreis vorprogrammiert: Der eine fühlt sich unter Druck gesetzt, der andere abgelehnt. Natürlich gibt es nicht die perfekte Strategie; es gibt keine Lösung, die für alle Paare gleichermaßen gut passt. Aber unserer Erfahrung nach ist ein nicht ganz perfekter Plan immer noch besser als ein blauäugiger Kommentar: „Keine Ahnung, wird schon irgendwie gut gehen."

Manche Paare haben eine „Sag-niemals-Nein"-Vereinbarung getroffen, die man in etwa so zusammenfassen könnte: „Wenn du in der Stimmung bist, dann kann ich auch dahin gelangen." Andere Paare ändern diesen Grundsatz ein wenig ab: Der Partner, der die Initiative ergriffen hat, akzeptiert ein liebevolles „nicht heute Nacht" als Antwort, insofern diese nicht zu häufig erfolgt. Wenn ein Mann weiß, dass seine Frau normalerweise Ja sagt, dann wird er viel verständnisvoller reagieren, als wenn er ständig „nicht heute Nacht" zur Antwort bekommt.

Finden Sie gemeinsam mit Ihrem Mann eine eigene kreative Lösung für den Teufelskreis von Druck und Ablehnung.

Vielleicht sagen Sie sich: „Das ist eine dieser Nächte, in denen es für uns beide gut ist, wenn ich mit Ja antworte." Oder Sie fragen Ihren Mann: „Möchtest du heute mit mir schlafen?"

Der Schlüssel zu dem Ganzen ist, dass wir unsere Erwartungen oder Bedürfnisse bewusst klären und uns einen Plan zurechtlegen, bevor wir den anderen verletzen.

Es geht nicht darum, wer seinen Willen durchsetzt. Viel wichtiger ist: Wir sehen in einem gesunden sexuellen Interesse – auch wenn es nicht zum idealen Zeitpunkt kommt – eine Gelegenheit, unsere Intimität zu vertiefen; wir lassen es nicht zum Auslöser von Frustration und Ärger werden.

Tipp Nr. 10:

Begegnen Sie Ihrem Liebesleben nicht mit überhöhten Erwartungen, sondern betrachten Sie das Bett als stressfreien Spielplatz. Zeigen Sie Ihrem Mann, was Ihnen gefällt, und geben Sie sich viel Zeit zum gemeinsamen Experimentieren und Herausfinden, wie Sie einander Freude bereiten können.

11. Die liebe Verwandtschaft:
Eltern, Schwiegereltern und andere „Störenfriede"

Soweit es irgend möglich ist und von euch abhängt,
lebt mit allen Menschen in Frieden.

Römer 12,18

Als ich Mark kennenlernte, war ich erst fünfzehn und er siebzehn. Man schrieb das Jahr 1976, und ganz Amerika feierte den 200. Geburtstag der Nation. Unsere Heimatstadt Waco in Texas hatte beschlossen, das Jubiläum mit einer Aufführung des Musicals *The Music Man* zu begehen, an der die ganze Stadt beteiligt war. Schüler aus verschiedenen Schulen sollten daran mitwirken.

Ich träumte davon, auf der Bühne zu stehen und zu singen, und darum zwängte ich mich mit Hunderten weiteren Bewerbern in den merkwürdig aussehenden Musikraum einer High School, wo das Casting stattfand. Am liebsten hätte ich Marion gespielt, die weibliche Hauptrolle. Aber da ich nur 1,55 groß war, schien es viel wahrscheinlicher, dass ich die Rolle eines Kindes bekam oder einer kleinwüchsigen Erwachsenen aus dem Chor.

So aufgeregt ich an diesem Abend auch war, hielt es mich

nicht davon ab, mir anzusehen, wie die anderen beim Vorsingen abschnitten. Ein junger Mann erregte meine Aufmerksamkeit. In meinen Augen war er der perfekte Harold Hill – die männliche Hauptrolle. Und wäre es nicht toll, so stellte ich mir vor, Marion zu spielen und ihn acht langsame Takte lang küssen zu müssen! Zu dem Zeitpunkt ahnte ich nicht, dass mein junger Harold Hill mich auch beobachtete.

Mark bekam die Hauptrolle, und wie befürchtet musste ich im Chor singen – aber immerhin hatte ich ein Solo, und zwar eine ganze Zeile. Die Proben begannen, und aus Wochen wurden Monate. Inzwischen kannte ich Harold, den „Music Man", schon recht gut und genoss es, wenn er mich nach fast jeder Probe nach Hause fuhr. In der Regel lief das Ganze so ab: Wir nahmen an der Probe teil, brachten noch ein paar andere Leute nach Hause (wussten Sie, dass man in einem VW Käfer, Baujahr 1962, acht Teenager unterbringen kann?) und fuhren dann bis zum Haus meiner Familie, wo wir im Auto sitzen blieben und redeten – zu meinem Leidwesen nicht mehr als das.

Eines Abends – wir hatten mit abgeschaltetem Motor stundenlang Radio gehört – versuchte Mark, den Wagen zu starten, aber nichts passierte. Die Batterie war vollkommen leer. Es war schon nach Mitternacht, doch ich wusste, wen ich um Hilfe bitten konnte: den Mann, der mich immer aus Katastrophen rettete – meinen Daddy. Mein Vater hatte eine Führungsposition in einem Autohaus inne und wusste mehr über Autos als irgendjemand sonst in der Stadt. Ich sagte zu Mark, ich würde nur mal schnell ins Haus gehen und meinen Vater bitten, uns zu helfen. Kein Problem. Also ging ich hin.

Mein Vater kam tatsächlich heraus und sah aus, wie ein

Vater eben um Mitternacht aussieht. Sein Haar war zerzaust, und er trug eines von diesen T-Shirts mit V-Ausschnitt. Ein Paar Polyester-Shorts rundeten das Outfit ab. Mark stieg aus, um ihn zu begrüßen. Mein Daddy warf einen missbilligenden Blick auf den jungen Mann, der die letzten paar Stunden damit verbracht hatte, mit seiner Tochter im Dunkeln zu „reden", und bat ihn, wieder einzusteigen. Mark gehorchte schweigend. Daddys Mission bestand darin, den Motor wieder zum Laufen zu bringen und seine Tochter ins Haus zu holen. Small Talk mit dem jungen Mann da gehörte nicht zu seinen Prioritäten.

Sein Plan sah so aus: Er würde den Wagen anschieben, und sobald dieser etwas Geschwindigkeit aufgenommen hatte, sollte Mark die Kupplung kommen lassen. Dann würde der Motor anspringen, und Mark konnte fröhlich nach Hause düsen. Und genau so geschah es dann auch. Wir wohnten oben auf einem Hügel, und so musste mein Vater sich nicht allzu sehr anstrengen. Der Motor sprang sofort an. Ich strahlte. Die beiden wichtigsten Männer in meinem Leben hatten sich endlich kennengelernt, und ihr erstes gemeinsames Projekt war von Erfolg gekrönt.

Ich weiß nicht, woran Eltern solche Dinge erkennen, aber ein paar Jahre später, als Mark um meine Hand anhielt, sagte mein Vater ihm, er hätte genau an diesem Abend – dem Abend mit der leeren Batterie – gewusst, dass Mark „der Richtige" war. Dreieinhalb Jahre später ging ich am Arm meines Vaters zum Altar in unserer Kirche. Vorne empfing uns der Pastor mit der feierlichen Frage: „Wer gibt diese Braut diesem Mann zur Ehefrau?"

Mein Vater, der seinen Glauben sonst immer für sich behielt, überraschte uns alle mit den Worten: „Der Herr Jesus, der sie uns schenkte, ihre Mutter und ich." An diesem Tag veränderte sich für ihn, meine Mutter und auch für Marks Eltern etwas Entscheidendes: Sie waren jetzt nicht mehr nur Eltern, sondern auch Schwiegereltern.

(Schwieger-)Eltern

Sie können uns einschüchtern, auf die Palme bringen und mit ihrer Einmischung nerven, aber sie können unsere Ehe auch unglaublich gut stabilisieren. Tatsächlich ist die niedrige Scheidungsrate in einigen europäischen Ländern unter anderem darauf zurückzuführen, dass die jeweiligen Paare von einer großen Familie umgeben sind, die sie unterstützt. Schwiegereltern können wunderbare Menschen sein. Das ist die gute Nachricht. Aber seien Sie auf der Hut: Die Beziehung zwischen Ihnen und Ihren Schwiegereltern kann unter Umständen alles andere als problemlos und hilfreich sein. Eltern, die sich zu sehr einmischen oder auch zu sehr auf Distanz gehen, bringen eine Ehe unter Druck.

Wenn Sie in Ihr neues Leben als Ehepaar starten, dann ist es ganz wichtig, dass Sie und Ihr Mann – nicht Ihre Eltern! – die Regeln und Grenzen festlegen, die für Ihre Ehe auf lange Sicht am hilfreichsten sind. Doch machen Sie sich darauf gefasst, dass diese Veränderungen für Sie viel problematischer sind als für Ihren Mann.

Ein neuer Held

Frank und Anna hatten Schwierigkeiten mit der Kommunikation in ihrer Ehe. Sie brauchten das Gespräch mit einer objektiven dritten Partei, um ihre Probleme zu lösen. Das

Thema kam auf Annas Vater. Ihre Augen leuchteten, als sie seine Stärke, Güte und Hilfsbereitschaft ihnen beiden gegenüber beschrieb. Begeistert erzählte sie, wie er neulich vorbeigekommen war, um die Hecken zu schneiden – ohne dass sie ihn darum gebeten hatten – und wie er ihr ein Flugticket gekauft hatte, damit sie an ihrem Klassentreffen teilnehmen konnte.

Sie war ganz hingerissen, ihre Stimme lebhaft und engagiert. Doch Franks Gesichtsausdruck sprach eine ganz andere Sprache. Je mehr Anna sich für ihren Vater begeisterte, desto düsterer wurde Franks Miene.

„Mein Vater ist mein Held", schloss Anna ihre Ausführungen mit einem strahlenden Lächeln.

In diesem Moment war es, als hätte Anna ihren Mann endgültig k.o.geschlagen. Statt ihn zu motivieren, hatte sie ihn mit der uneingeschränkten Bewunderung für ihren Vater völlig entmutigt und ihn in eine passive, gleichgültige Rolle gedrängt.

Als Bobbie und Robert jung verheiratet waren, telefonierte Bobbie häufig mit ihrer Mutter. Bobbie war in einer Familie aufgewachsen, in der man mit Geld großzügig umging. Jetzt aber, in ihrer jungen Ehe, waren die Ressourcen eher knapp – für Bobbie eine ungewohnte Situation. Wenn sie mit ihrer Mutter redete, kamen sie, wie zu erwarten war, oft auf das Thema Geld zu sprechen. Bobbie erzählte ihr ganz offen, was sie und Robert sich leisten konnten und was nicht. Ihre Mutter bot ihr dann oft „Hilfe" an.

Man hätte meinen können, dass Robert sich über diese zusätzlichen Einnahmen freute, aber das tat er nicht. In Wirklichkeit wurde Bobbies Dankbarkeit gegenüber der „Großzügigkeit" ihrer Mutter für ihn zu einer unfairen Konkurrenz. Schließlich bat Robert seine Frau, mit ihrer Mutter nicht mehr über Finanzen zu sprechen. Erst da erkannte Bobbie, wie sehr ihn die Geschenke seiner Schwiegermutter verunsichert hatten. Sie kam seiner Bitte nach, so schmerzlich es auch für sie war, die netten Extras aufzugeben.

Was man daraus lernen kann: Wenn Sie Ihren Mann – direkt oder indirekt – mit Ihren Eltern vergleichen, dann verliert Ihre Ehe dadurch.

Selbst mit den allerbesten Absichten können Eltern die Stabilität einer jungen Ehe gefährden. Wenn ein Vater oder eine Mutter der erwachsenen Tochter vermittelt – ob mit oder ohne Worte: „Schatz, wenn es mit deiner Ehe nicht gut geht, kannst du immer zu uns zurückkommen", dann bringt er oder sie die Beziehung in dieser Ehe aus dem Gleichgewicht. Die Botschaft darin lautet nämlich: „Du magst ja mit diesem Mann verheiratet sein, aber tief drinnen wissen wir alle doch, dass du immer noch uns gehörst."

Nicht selten entstehen Probleme mit den Eltern gerade aus den guten Dingen, die sie für uns tun: Geschenke, Reisen, Mahlzeiten, Babysitten. Auch wenn das nicht beabsichtigt war, können diese Geschenke zu Schuldgefühlen führen und Druck auf uns ausüben, uns auf eine bestimmte Weise zu verhalten – beim Familientreffen zu erscheinen, an Weihnachten zum Essen zu kommen, einen bestimmten Job anzunehmen oder auch nicht. Es wird also automatisch Zeiten geben, in denen Sie vor der Wahl stehen, entweder Ihren Mann zu enttäuschen oder Ihre Eltern – oder seine.

Wenn Paare in einer stabilen Beziehung so eine Entscheidung treffen müssen, dann entschließen sie sich, ihre Eltern zu enttäuschen. Das tun sie mit Liebe und Respekt. In manchen Fällen müssen sie wiederholt Grenzen setzen, um deutlich zu machen, dass ihre Loyalität in erster Linie einander gehört und dass die Liebe und Loyalität gegenüber ihren Eltern erst an zweiter Stelle kommt.

Ihre Schwiegermutter und Sie

Der Umgang mit den Schwiegereltern kann zu einem riesigen Problem werden, vor allem im ersten Ehejahr. Und das ist keine neue Entwicklung. Ganz am Anfang der Bibel – im 1. Buch Mose – bekommt der Mann den Rat, sich von seinen Eltern abzulösen, als ein wichtiger Schritt beim Aufbau einer guten Ehe: *„Darum verlässt ein Mann seine Eltern und verbindet sich so eng mit seiner Frau, dass die beiden eins sind mit Leib und Seele.“* (1. Mose 2,24)

Wie viele andere Ehefrauen werden auch Sie vielleicht die Entdeckung machen, dass die häufigsten Probleme zwischen Ihnen und Ihrer Schwiegermutter entstehen. Und das ist der Grund dafür: Die Spannungen tauchen auf, weil Sie beide – wenn auch unbewusst – um die Zuneigung desselben Mannes kämpfen. Und wenn dieser Mann nicht bewusst die Entscheidung trifft, seine Eltern zu „verlassen“, zwingt er seine Frau dazu, sich den Rest ihres Lebens mit ihrer Schwiegermutter zu messen.

Diese unbewältigte Situation kann den Aufbau einer starken Ehe beeinträchtigen:

- Da ist die Schwiegertochter, die ständig das Gefühl hat, sie sei in den Augen ihrer Schwiegermutter nicht gut genug für deren Sohn.
- Da ist die Schwiegermutter, die sich „Sorgen macht“, weil ihr Sohn sich seit der Hochzeit so ver-

ändert hat; sie fürchtet, ihren Sohn „verloren“ zu haben.

- Dann gibt es die Schwiegertochter, die überempfindlich geworden ist. Ihre Gefühle sind so oft verletzt worden, dass für sie inzwischen alles, was ihre Schwiegermutter tut, falsch ist: Bringt ihre Schwiegermutter ihr ein Geschenk mit, dann ist es nicht das richtige. Ruft sie nicht an, dann ist ihr die Familie gleichgültig. Ruft sie an, dann mischt sie sich zu sehr ein. Schenkt sie Geld, dann will sie damit Macht ausüben. Schenkt sie kein Geld, dann ist sie egoistisch.

Jacobs und Lydias nicht verhandelbare Grundsätze

Jacob und Lydia hatten beschlossen zu heiraten. Doch Lydia kannte zu diesem Zeitpunkt schon viele Freundinnen, die wegen unbedeutender Anlässe unter nervenaufreibenden Spannungen mit ihren Schwiegermüttern litten. Sie fasste den Entschluss, dass es in ihrer Ehe anders sein sollte. Und so entwickelten sie und Jacob eine der hilfreichsten Strategien zur Vermeidung von Konflikten, die wir je gesehen haben. Nachdem sie stundenlang miteinander gesprochen hatten, stellten sie die folgenden Grundsätze auf, die sie als nicht verhandelbar betrachteten:

1. Wir wollen mit unseren Eltern und Schwiegereltern immer respektvoll reden und ihnen zuhören.
2. Wenn Ferien vor der Tür stehen, entscheiden wir ganz ohne Schuldgefühle darüber, wo es für uns am besten ist, sie zu verbringen. Wenn wir uns entschieden haben, informieren wir unsere Eltern.

3. Wir setzen eine faire Grenze, wenn es darum geht, wie viel Zeit wir mit unseren Eltern verbringen oder wie oft und wie lange wir mit ihnen reden. Dann können wir sie mit offenen Armen empfangen, wenn sie uns besuchen oder anrufen, statt sie als Störenfriede zu betrachten. (Wir müssen zum Beispiel nicht jedes Mal das Telefon abnehmen, wenn sie anrufen, und wir müssen nicht jeder Einladung von ihnen nachkommen.)
4. Jeder von uns erklärt sich gerne bereit, dreimal pro Jahr etwas Besonderes mit den Schwiegereltern zu unternehmen. (Lydia sagt zum Beispiel zu ihrem Mann: „Wenn es dir wichtig ist, dass ich mit dir und deinen Eltern dieses Polka-Festival besuche, dann werde ich die Erste auf dem Tanzboden sein." Und wenn der Tanz vorüber ist, weiß Jacob, dass jetzt nur noch zwei Unternehmungen übrig sind, an denen Lydia teilnehmen wird.)
5. Wir selbst entscheiden über unsere Reaktionen und machen nicht andere dafür verantwortlich. (Lydia merkte: Wenn sie ihrer Schwiegermutter gegenüber Bitterkeit empfand, so würde das ihre Ehe niemals fördern. Also entschloss sie sich, selbst die Verantwortung zu übernehmen für ihre Reaktion gegenüber ihrer Schwiegermutter. Sie sagte mir: „Ich will nie meinem Mann vorwerfen: ‚Deine Mutter hat mich so zornig gemacht!' Ich möchte diejenige sein, die sich entscheidet, auf eine bestimmte Weise zu reagieren.")

Jacobs und Lydias Strategie ist ein guter Anfang. Verhinderte dieser Plan, dass sie sich jemals über ihre Schwiegermutter ärgerte? Natürlich nicht. Aber er hielt sie davon ab, negativ und kindisch zu reagieren, wenn ihre Schwiegermutter sie auf irgendeine Art verletzt hatte.

Wenn Sie in die Ehe starten, ohne eine solche Vereinbarung wie die von Jacob und Lydia zu Ihrem Schutz getroffen zu haben, dann könnten Ihnen jahrelange Konflikte und Enttäuschungen bevorstehen. Egal, ob Sie meinen, solche Regeln zu brauchen oder nicht, sollten Sie gemeinsam mit Ihrem Mann ein paar eigene aufstellen. Nur so haben Sie einen Plan, wie Sie mit zukünftigen Problemen umgehen können. Legen Sie gleich im ersten Jahr Ihrer Ehe ein solches Fundament, können Sie jederzeit wieder darauf zurückgreifen, wenn Ihre Eltern und Schwiegereltern dann Opa und Oma werden.

Spannende Zeitfragen

Wenn Mark und ich mit einem Paar über die Beziehung zu den Schwiegereltern sprechen, dann versuchen wir immer, den beiden aufzuzeigen, was sie jeweils als normal empfinden – was sie also voneinander erwarten können, wenn es darum geht, wie viel Zeit sie mit ihrer eigenen Familie und mit der des Partners verbringen werden. Wir erreichen das, indem wir ein kleines Spiel mit ihnen machen:

Wir stellen den beiden zwei Fragen, die jeweils mit einer Zahl beantwortet werden können. Dabei soll das Paar die Antwort nicht laut aussprechen, bis wir das Signal dazu geben. Wenn wir sicher sind, dass sie die Spielregeln verstanden haben, fragen wir zuerst nach der Familie der Braut: „Wie viele Tage pro Jahr würde die Braut gern – mit oder ohne ihren Mann – bei ihrer Familie verbringen (Eltern, Großeltern, Geschwister, größerer Familienkreis)?“ Während die beiden über die Antwort nachdenken, bitten wir sie noch einmal, nichts laut zu sagen, bis wir das Signal geben. Wenn sie ihre Überlegungen beendet haben, zählen wir bis drei, und dann rufen sie gemeinsam ihre Zahl – die allerdings ganz unterschiedlich sein kann. Dann fragen wir nach der Familie des Bräutigams: „Wie viele Tage pro Jahr würde der Bräutigam gern – mit oder ohne seine Frau – bei seiner Familie verbringen?“

Die Antworten sind oft ganz interessant und lustig. Wenn der Bräutigam zum Beispiel geraten hat, dass seine künftige Frau ihre Familie an 24 Tagen sehen möchte, und ihre Antwort lautet 240 Tage, dann wissen wir, dass wir über dieses Thema noch länger sprechen müssen.

Hier gibt es keine verbindlichen Regeln. Es mag Zeiten geben – wenn die Eltern krank sind oder einer von Ihnen beiden im Geschäft der Eltern mitarbeitet –, in denen man ungewöhnlich viel Zeit mit den Eltern zusammen verbringt. Doch egal wie Ihre Situation aussieht, denken Sie an das Grundprinzip im Umgang mit den Eltern: Fassen Sie schon früh in Ihrer Ehe den Entschluss, lieber Ihre Eltern zu enttäuschen, als Ihre Ehe aufs Spiel zu setzen.

An erster Stelle: Die Beziehung zu meinem Mann

Sylvia war etwas frustriert über ihre Ehe. Sie konnte das Problem aber nicht so genau benennen, und so äußerte sie ein ganz allgemeines Gefühl, mit ihrem Mann „nicht so richtig verbunden“ zu sein. Ich stellte verschiedene Fragen – über die gemeinsam verbrachte Zeit, die Kommunikation und schließlich auch zum Thema Eltern und Schwiegereltern. Ihre Stimme überschlug sich fast vor Begeisterung darüber, wie gut sie und ihr Mann sich mit ihren Eltern verstanden. „Ich spreche nämlich drei- oder viermal am Tag mit ihnen."

„Drei- oder viermal am Tag?", fragte ich verwundert.

Sylvia wohnte in einer Stadt, die mehrere Fahrstunden von ihren Eltern entfernt lag. Da sie einander nun nicht mehr so oft sehen konnten, versuchte Sylvia, dies durch häufige Telefonate auszugleichen. „Meine Mutter ist wirklich meine beste Freundin", erzählte sie stolz. „Oder finden Sie es falsch, dass wir so oft miteinander sprechen?"

„Was würde wohl passieren", gab ich ihr zur Antwort, „wenn Sie die Gespräche mit Ihren Eltern in den nächsten dreißig Tagen auf vier Gespräche pro Woche begrenzen würden?" Sylvia war zunächst skeptisch, doch dann willigte sie ein, es zu versuchen.

Ohne ihrem Mann davon zu berichten, informierte Sylvia ihre Eltern über ihre Entscheidung. Ihre Mutter und ihr Vater reagierten erstaunt und auch ein wenig verletzt, aber sie vertrauten ihrer Tochter und respektierten ihre Sichtweise.

Gut einen Monat später traf ich mich wieder mit Sylvia. Ich war sehr gespannt zu hören, wie ihr Experiment verlaufen war. Gewissenhaft wie immer, brachte Sylvia zwei Seiten mit schriftlich festgehaltenen Überlegungen mit. Folgendes hatte sie notiert:

Die ersten zwei Wochen waren schrecklich. Ich war ziemlich wütend, dass Sie mir diese Vorgehensweise vorgeschlagen hatten. Mehrmals war ich drauf und dran, Sie anzurufen und Ihnen zu sagen, dass ich das Ganze abbrechen würde.

Doch ich hielt durch und lernte dabei einiges, womit ich nicht gerechnet hatte – über mich selbst, meine Eltern und meine Ehe.
Die ganze Zeit über hoffte ich, dass Chris ein Licht aufgehen würde – dass er im Verlauf dieses Monats allmählich verstehen würde, was ich von ihm brauchte. Aber Chris war wie immer treu und beständig – nichts änderte sich. Sein typischer, manchmal langweiliger Kommunikationsstil blieb bestehen. Und je länger ich mein Experiment fortsetzte, umso wütender wurde ich auf ihn. Ich merkte, wie sehr ich ihn vermisste und wie fern ich mich von ihm fühlte. Schließlich musste ich mir eingestehen, dass es unaufrichtig von mir gewesen war, ihm meine Einsamkeit nicht mitzuteilen.
Als die dritte Woche um war, wurde mir klar, dass ich mit Chris sprechen musste. Also sagte ich ihm, wir müssten miteinander reden. Wir schalteten den Fernseher aus. Dann sagte ich ihm, wie sehr ich ihn liebte und vermisste und wie sehr ich mir eine Veränderung in unserer Ehe wünschte.
Er war völlig platt. Er hatte keine Ahnung gehabt, was in mir vorging. Und dann stellte er diese typische Männerfrage: „Was soll ich denn nun tun?"
Ich wusste, dass ich etwas Konkretes vorschlagen musste, und darauf war ich vorbereitet. Ich antwortete: „Könnten wir nicht abends, wenn wir zu Hause sind, einen kleinen Spaziergang von 20 Minuten machen und uns unterhalten?"
„Klar", sagte er, hatte dabei aber dieses seltsame Lächeln, das mir zeigte: Er wollte mich lieben, auch wenn er mich nicht verstand.
Inzwischen glaube ich: Nachdem ich nicht mehr diese emotionale Sicherheit hatte, die mir das Gespräch mit meinen Eltern drei- oder viermal am Tag gab, verspürte ich eine Ein-

samkeit, die ich vorher nicht hatte beschreiben können. Noch sind wir nicht über den Berg, aber ich habe beschlossen, die Telefonate mit meinen Eltern weiterhin zu begrenzen, damit Chris die Chance bekommt, einige meiner Bedürfnisse zu erfüllen.

Eine der wichtigsten Aufgaben, die Sie beide im ersten Ehejahr zu erfüllen haben, ist, eine neue „Kultur" zu schaffen in Bezug auf das, was für Sie beide normal ist. Sylvia hatte sich an ein Verhaltensmuster gewöhnt, das für sie normal war: Sie führte emotional tief gehende Gespräche mit ihrer Mutter und ihrem Vater statt mit ihrem Mann. Diese Unterhaltungen gaben ihr eine solche Sicherheit und waren für sie so selbstverständlich, dass sie das Risiko vermied, Chris um die emotionale Vertrautheit zu bitten, nach der sie sich so sehr sehnte.

Doch Eltern und Schwiegereltern sind nicht die einzigen „Störfaktoren" in einer jungen Ehe.

Angenehme Störfaktoren: Kinder

Denise und Eric freuten sich riesig auf die Ankunft ihres ersten Babys. Obwohl sie noch nicht lange verheiratet waren, kam es für sie nicht zu früh. Sie bereiteten alles vor, was ihnen in den Sinn kam – außer ihrer Beziehung.

Nachdem Denise schwanger geworden war, begann Eric die „sorglose" Denise zu vermissen. Monatelang litt sie unter einer morgendlichen Übelkeit, die sich den ganzen Tag hinzuziehen schien. Allein schon beim Gedanken an Sex schien ihr noch übler zu werden. An den wenigen Tagen, an denen es ihr besser ging, tauchte sie in Zeitschriften oder Bücher zum Thema Kinder ab. Aus Erics Sicht schien sie für alles Zeit und Energie zu haben, was nicht mit ihm zu tun hatte: das Kinderzimmer streichen, das Haus putzen, Vorhänge aussuchen, mit ihrer Mutter Einkäufe machen und sich Videos für angehende Eltern ansehen. Doch für ihn hatte sie keine Zeit, schon gar nicht für eine romantische Begegnung.

Obwohl Eric sich auf das Baby freute, begann er sich zurückzuziehen und schützte sich so vor dem Gefühl, von seiner Frau abgewiesen zu werden. Manchmal wurde er auch wütend und unwirsch. Und da er nicht so gern um das bitten wollte, was ihm fehlte, resignierte er und meinte, Denise verloren zu haben.

„Verstehen Sie mich nicht falsch", sagte Eric zu Mark, nachdem das Baby geboren war. „Ich liebe dieses Kind. Aber es fehlt auf jeden Fall etwas zwischen mir und Denise. Sie war meine Partnerin, meine beste Freundin, meine Geliebte – ich wollte alles mit ihr gemeinsam machen. Aber jetzt kommt es mir so vor, als ob sie einen neuen besten Freund hat. Mit einem kleinen Baby kann ich es einfach nicht aufnehmen!"

Sehen wir es ganz realistisch: Wenn ein Baby im Haus ist, kann man das Wort „Ausgeglichenheit" aus dem Wortschatz streichen. Nichts bringt uns mehr aus dem Gleichgewicht als diese neue Verantwortung, die uns 24 Stunden am Tag in Atem hält und sich überhaupt nicht unserem Terminkalender anpassen lässt.

Also passen Sie auf sich auf und hören Sie nicht auf, sich um Ihre Ehe zu kümmern. Wenn die Liebe Ihres Lebens und die Lebendigkeit Ihrer Beziehung nicht genügend versorgt werden, dann wird es Ihr Baby auch nicht. Sich um Ihre Ehe kümmern heißt, sich um Ihr Kind zu kümmern. Investieren Sie in Ihre Ehe, so investieren Sie damit in die Zukunft Ihres

Kindes. Das ist kein Entweder-Oder. Sie müssen sich nicht entscheiden, ob Sie Ihre Kinder oder Ihren Mann lieben sollen. Im Gegenteil: Kinder entwickeln sich am besten in einem Zuhause, wo die Ehe an erster Stelle steht. Wie kleine Satelliten kreisen Kinder um die Ehe ihrer Eltern. Wenn diese instabil wird, geraten die Kinder aus der Umlaufbahn.

Kinder verändern eine Ehe immer. Ein Baby wird Sie Ihrem Mann entweder näherbringen oder einen Keil zwischen Sie beide treiben. Weil Denise diese neue Bindung zu ihrem Baby empfand, sendete sie an Eric die laute und klare Botschaft: „Hier gibt es nur einen knappen Vorrat an Liebe, und du befindest dich außerhalb des Kreises, wo die wahre Liebe verteilt wird."

Wissen Sie, was Ihr Mann sich fragt, wenn ein Kind unterwegs ist: *Wird es zwischen uns noch so sein wie vorher?*

Die Antwort kann natürlich nur lauten: „Nein, es wird nie mehr so sein wie früher." Aber das muss ja nicht bedeuten, dass es schlechter wird.

Wenn sich ein Baby ankündigt, liegt es in Ihrer Macht, Ihrem Mann ganz bewusst Ihre Zuneigung und Aufmerksamkeit zu zeigen. Wenn er merkt, dass Sie mehr als genug Liebe zu verteilen haben, dann wird er Ihnen gegenüber auch aufmerksamer sein und steht Ihnen als Vater des Kindes gern zur Seite.

Wenn ein Ex-Partner im Spiel ist

Betty und William nahmen an unserem wöchentlichen Gesprächskreis für Ehepaare teil. Betty war zum zweiten Mal verheiratet, und da sie aus erster Ehe zwei Söhne hatte, musste sie mit deren Vater regelmäßig Absprachen treffen. Zwar hatte sie den Ärger und die Verletzungen ihrer Scheidung schon zum größten Teil überwunden, doch jedes Mal, wenn sie mit ihrem Ex-Mann reden musste, kamen die alten Gefühle der Scham und der Traurigkeit wieder hoch.

Als wir in unserer Gruppe darauf zu sprechen kamen, wie man gesunde Beziehungen zu den Eltern und Schwiegereltern aufbaut, machte Betty eine wichtige Beobachtung: „Wisst ihr was", sagte sie, „viele von den Grundsätzen, die wir im Blick auf Schwiegereltern besprochen haben, gelten auch für den Umgang mit einem Ex-Mann."

Zuerst lachte die Gruppe darüber. Doch Bettys Gesicht verriet uns, dass sie keine Witze machte. Alle in der Runde setzten fragende Mienen auf. Also bat Mark: „Betty, könntest du uns das ein bisschen genauer erklären?"

Sofort kam ihre Antwort: „Der wichtigste Gedanke, über den wir uns hier unterhalten haben, lautete, dass wir unsere Ehe in den Mittelpunkt stellen sollen, oder? Dass wir unsere beste emotionale Energie hier einsetzen sollen. Mein Problem ist nicht, dass ich mich zu meinem Ex-Mann hingezogen fühle, sondern dass ich mich so leicht in frustrierende Gespräche mit ihm verwickeln lasse. Und wenn William abends nach Hause kommt, bin ich emotional schon völlig erschöpft. Manchmal habe ich dann nur ganz wenig Geduld für diesen Mann, den ich doch eigentlich liebe. Und noch etwas", fuhr sie fort. „Wenn ich meinem Ex-Mann das nicht vergeben kann, was er mir angetan hat, dann bleibe ich in meiner Wut und Bitterkeit gefangen. Das ist genauso, als ob ich meinen Eltern oder Schwiegereltern nicht vergeben kann. Bitterkeit bindet uns gerade an die Person, von der wir uns ablösen wollen."

Unsere Gruppe lernte also nicht nur etwas über die

Grundsätze, die für den Umgang mit den Schwiegereltern und anderen „Störfaktoren“ gelten. Was Betty uns berichtete, machte uns auch deutlich, dass Vergebung uns zu freien Menschen machen kann.

Tipp Nr. 11:

Es ist wichtig, dass Sie und Ihr Mann – nicht Ihre Eltern oder Schwiegereltern! – die Regeln für Ihre Ehe festlegen. Denken Sie daran: Die Beziehung zu Ihrem Mann steht immer an erster Stelle, auch wenn das heißen kann, dass Sie Ihre oder seine Eltern enttäuschen müssen.

12. Hilfe:

Der Eisberg naht

Wir haben unser Augenmerk so sehr auf einen überschwänglichen Anfang und ein siegreiches Ende gerichtet, dass wir ganz aus dem Blick verloren haben, wie Gottes Gnade sich ganz vorsichtig, manchmal fast quälend langsam entfaltet, gerade dann, wenn wir „mittendrin" stecken.

Sue Monk Kidd,
Where the Heart Waits

Mark und ich konnten die Schreie schon von Weitem hören. Aus der Entfernung wussten wir nicht, was dort vor sich ging. Doch als wir um die Ecke des Parkplatzes bogen, war die Situation erschreckend eindeutig. Wir stellten fest, dass wir direkt auf den Tumult zugehen mussten, um zu unserem Wagen zu gelangen. Ein hochgewachsener Mann stand neben der geschlossenen Beifahrertür eines roten Volvo und schrie wütend durch das Fenster. Ob wir es wollten oder nicht, wir mussten einen Teil dieser „Unterhaltung" mit anhören, jedenfalls genug, um zu wissen, dass es seine Frau war, der diese geballte Ladung Zorn galt.

Der Mann hatte völlig die Beherrschung verloren und schlug mit der Faust gegen die Seite des Autos. Er schien gar nicht zu bemerken, dass er Zuhörer hatte, und so brüllte er seine Frau weiter an und steigerte sich immer mehr in seine Wut hinein. In einem letzten verzweifelten Akt der Frustration trat er gegen die Tür. Nun schien seine Frau genug zu haben. Langsam rollte der Wagen aus der Parklücke, während der Mann ihr befahl anzuhalten: „Mary, fahr jetzt bloß nicht weg! Mary!"

Völlig entgeistert sahen wir zu, wie der Mann im Anzug und in feinen Schuhen dem Wagen über den ganzen Parkplatz hinterherrannte und immerzu schrie: „Mary! Mary!"

Was tun, wenn man alles neu aufbauen muss?

In manchen Ehen – der eben beschriebenen zum Beispiel – ist die Notwendigkeit, Hilfe zu bekommen, auf schmerzhafte Weise offensichtlich. Doch viel häufiger kommt es nicht zu einer solchen Explosion, sondern den Ehepaaren geht die Luft aus, nachdem sie lange Zeit eine Art kleines „Loch" im Reifen hatten. Traurigerweise kommen sie erst zur Beratung, wenn jahrelange Rücksichtslosigkeit und Tatenlosigkeit in eine Krise geführt haben. Dann ist die gegenseitige Abwehr und Verachtung schon so tief verwurzelt, dass jede Hilfe zu spät zu kommen scheint.

Wir aber hoffen, dass Sie sich ein paar Gewohnheiten zulegen können, mit denen Sie Ihre Ehe so stark erhalten, dass Sie nie an diesen Punkt der Verzweiflung kommen. Wenn Sie diese Hinweise befolgen, wenn Sie wissen, wann Sie Hilfe brauchen, und die notwendigen Veränderungen einleiten, dann werden die alltäglichen Ärgernisse gar nicht erst zu einer echten Gefahr für Ihre Ehe.

Doch egal, wie sehr Sie einander jetzt gerade lieben, egal,

wie viel Sie gemeinsam haben – es wird auch in Ihrer Ehe Zeiten geben, in denen Sie diesen Mann, den Sie geheiratet haben, ganz einfach nicht ausstehen können. Unabhängig davon, ob dieses Gefühl einen Augenblick andauert, eine Woche oder einen Monat, können wir Ihnen garantieren, dass Sie auf jeden Fall diese Erfahrung machen werden. Für solche Zeiten brauchen Sie eine Strategie zum Wiederaufbau, einen Plan, den Sie umsetzen können, wenn Ihre Ehe sich in die falsche Richtung zu entwickeln scheint. Wir geben unseren Paaren immer diesen Rat: „Wenn einer von Ihnen das Gefühl hat, dass Ihre Ehe nicht mehr die Note 1 verdient (also nicht mehr 90 Prozent der möglichen Punkte erreicht), dann sollten Sie Hilfe suchen."

Fangen wir mit einer guten Nachricht an: Ein Wiederaufbau ist fast immer möglich. Aber er geschieht nicht von selbst, so wie meine Küche auch nicht von selbst sauber wird. Eine in die Krise geratene Ehe lässt sich wieder erneuern, wenn das Paar sich auf ein paar wenige Aufbaustrategien konzentriert.

Die Wagenburg

Wer sich im 19. Jahrhundert auf den Weg in den amerikanischen Westen machte, musste sich auf Gefahren einstellen. Ob sie es mit Räubern zu tun bekamen, mit wilden Tieren oder einem Unwetter – die Pioniere, die mit ihren Planwagen unterwegs waren, hatten ein bestimmtes Kommando, wenn Gefahr im Anflug war: „Wagenburg bauen!"

In einer Spur hintereinander zu fahren, war sicherlich die effektivste Art der Fortbewegung, doch man bot auf diese Weise auch viel Angriffsfläche. Wenn es gefährlich wurde, musste man sich ganz anders formieren. Das Überleben hing davon ab, ob man schnell genug stoppen und mit den Kutschen einen Kreis bilden konnte, der den meisten Schutz nach außen bot. In Ihrer Ehe sollten Sie möglichst rasch lernen, wie man eine Wagenburg baut, wenn es nötig ist. Die Bedrohung kann ganz intensiv und offenkundig sein – wie zum Beispiel die Entdeckung eines Suchtverhaltens. Oder sie kommt langsam und schleichend daher, wie ein nagendes Gefühl, dass irgendetwas nicht stimmt. In jedem Fall sollten Sie beide aber wissen und sich darüber einig sein, wie Sie Ihre Wagenburg formieren müssen. Sie sollten bereit sein, etwas Ungewöhnliches zu tun, um überleben zu können.

So war es auch bei Nathan und Diana. Sie waren ganz besondere Menschen mit einem festen christlichen Glauben. Schon früh in ihrer Ehe hatten sie einander versprochen: „Wenn unsere Ehe jemals in eine Krise gerät, dann werden wir ihren Wiederaufbau und ihren Schutz zu unserer höchsten Priorität machen." Sie ahnten nicht, dass sie dieses Versprechen schon so bald einlösen mussten.

Sie waren gerade ein gutes Jahr verheiratet, als ihre Welt aus den Fugen geriet. Zunächst schienen ihre Probleme ganz alltäglich zu sein, doch Diana machte sich Sorgen, weil Nathan so lange arbeitete und ihr gegenüber so unaufmerksam war. Darum meldete sie ihn und sich selbst zu einem Wochenendseminar für Ehepaare an.

Sie checkten am Freitagabend im Hotel ein, aßen gut gelaunt miteinander und nahmen dann am ersten Seminar teil. Was der Referent sagte, gefiel ihnen, und so machten sie sich Notizen, um sich später an die wichtigsten Punkte erinnern zu können. Bevor sie zu Bett gingen, dachten sie noch einmal darüber nach, was sie vereinbart hatten, um ihre Ehe zu verbessern.

Doch dann, beim Seminar am Samstagmorgen, wurde aus dem kleinen „Leck“, das Diana in ihrer Ehe festgestellt hatte, eine Explosion. Der Referent widmete sich den besonderen Herausforderungen, denen sich Männer zu stellen hatten, und erwähnte die Internet-Pornografie als eine Bedrohung für die Intimität in der Ehe. Nathan hielt die Luft an und hoffte verzweifelt, dass Diana diese Bemerkung überhören würde. Doch da hatte er seine Frau unterschätzt. Zurück im Hotelzimmer, stellte Diana ihm eine einfache Frage: „Hast du dir schon einmal Pornos auf dem Computer angeschaut?“

„Ähm, na ja, ja, habe ich – früher einmal.“

„Früher?“, hakte sie nach, denn Nathans Gesichtsausdruck verriet seine Bemühung, die Wahrheit vor ihr zu verbergen.

In den nächsten zweieinhalb Stunden legte Nathan ein umfassendes Geständnis über seine tiefe Verstrickung in Cyberpornos ab. Zu erfahren, dass er ihr in Gedanken auf solche Weise untreu geworden war, brach Diana das Herz. Und ihre Tränen wiederum stürzten Nathan in Verzweiflung.

„Ich bin darauf hereingefallen und war nicht mehr fähig, es zu überwinden“, gestand er seiner Frau. „Aber meine Angst, dich zu verlieren, wenn du es herausfindest, war größer, und so behielt ich es für mich.“

Das hätte der Anfang vom Ende ihrer Ehe sein können, doch Diana und Nathan wussten, was sie zu tun hatten. Sie hatten einen Plan und bauten ihre Wagenburg. In den nächsten Wochen reduzierte Nathan seine Arbeitszeit drastisch. Sie riefen einen Eheberater an und vereinbarten umgehend einen Termin. Die ganze Woche über sprachen sie über das, was geschehen war. Sosehr Nathan auch weinte und Reue zeigte, hielt das Diana nicht davon ab, ihren Schmerz, ihre Wut und ihre verletzten Gefühle der Situation und ihm gegenüber zum Ausdruck zu bringen. Sie hielt nichts davon zurück.

„Du hast mich betrogen, und im Augenblick will ich am liebsten nicht mehr mit dir verheiratet sein", sagte sie zu ihm. „Aber ich habe ein Versprechen abgelegt – ‚in guten wie in bösen Tagen' –, und deshalb werden wir das hier durchstehen."

Am Donnerstag half der Eheberater Nathan und Diana, ihre Krise weiter zu klären. Er zeigte ihnen, wie sie das Vertrauen und die Intimität in ihrer Ehe wiederherstellen konnten.

Der richtige Zeitpunkt, um zu überlegen, wie man eine Wagenburg baut – also einen Krisenplan bereit zu haben –, ist nicht der, wenn die Pfeile schon fliegen. Wenn Sie und Ihr Mann noch keine Krise durchgemacht haben, werden Sie sich nur schwer vorstellen können, dass Sie eines Tages Hilfe brauchen. Doch gerade jetzt ist der beste Zeitpunkt für Sie, um einen Plan aufzustellen.

Zunächst sollten Sie Folgendes miteinander vereinbaren: Sobald auch nur einer von Ihnen das Gefühl hat, dass Ihre Ehe Hilfe braucht, wird der andere ohne Widerstand zustimmen, eine „Wagenburg" zu bauen. Hier sollte nicht darüber debattiert werden, ob es wirklich so schlimm ist, dass man diesen Schritt tun muss. Es genügt, wenn einer von Ihnen den Bedarf sieht.

Egal, wie ernst Ihr Problem ist: Eine Ehekrise kann nur überwunden werden, wenn Sie bereit sind, die zerstörerischen Waffen abzulegen. So kommen Sie gar nicht erst in Versuchung, diese anzuwenden. Die Krise ist der Feind, nicht Ihr Mann.

Alle Forschungen in Bezug auf eheliche Konflikte kommen zu demselben Ergebnis: Es gibt vier Reaktionen, die für eine Ehe niemals hilfreich sind.[29] Nehmen Sie sich also vor, Ihre Ehe zu schützen, indem Sie diese Waffen begraben, denn sie bringen nur Zerstörung und niemals Heilung:

1. *Abwehrreaktionen*: „Ach, auf einmal bin ich an allem schuld, ja?“
2. *Verachtung*: Beschimpfungen, bissiger Humor, Augen verdrehen und Kommentare wie „Und was willst du dagegen machen, mich verklagen?“
3. *Entzug der Aufmerksamkeit*: das eisige Schweigen, mit dem man eine Machtposition erlangen will, indem man dicht macht und überhaupt nicht mehr reagiert.
4. *Persönliche Angriffe*: Aus „Könntest du bitte deine Socken aufheben, bevor du nach oben gehst?“ wird „Du denkst wohl nur an dich selbst, oder?“

In einer gesunden Ehe hält man sich an die Spielregeln. Wenn Sie sich in einem Konflikt befinden, verschärfen negative Reaktionen die Probleme nur noch – und einer von beiden Partnern wird dabei auf jeden Fall verletzt. Der Einsatz von solchen zerstörerischen Waffen mag zwar dazu beitragen, dass Sie Ihren Partner niederringen und den Streit gewinnen, doch das erste Opfer bei dem Ganzen ist Ihre Ehe.

Die Ehe pflegen

Bevor eine Krise in Ihre Ehe eindringt, können Sie Ihren „Vorratsraum" mit guten Dingen auffüllen. Dabei geht es nicht um heroische – und oft unrealistische – Maßnahmen wie etwa ein zweiwöchiger Trip auf die Bahamas. Stattdessen sollten Sie Ihr Augenmerk auf einfache, machbare Aktionen richten, die Ihrer Ehe genau das geben, was sie zum Wachstum braucht. Das sind sozusagen „gesunde Vorräte", mit der wir unsere Ehe nähren, Aktivitäten, mit der wir sie hegen und pflegen. Wir können sie ins Regal stellen und jederzeit herausholen, wenn wir unsere Liebe zueinander stärken und neu entfachen wollen:

- gemeinsame Spaziergänge
- miteinander ausgehen
- eine DVD ausleihen und uns auf dem Sofa zusammenkuscheln
- meinen Mann tagsüber anrufen oder ihm eine Mail schicken, wenn ich gerade an ihn denke, und ihm sagen, wie sehr ich ihn liebe
- ihm eine kleine Überraschung in den Schrank legen, die ihm zeigt, dass ich an ihn denke

Besonders wenn Ihre Ehe sich von einer Krise erholen muss, sollten Sie sich darum bemühen, einander von ganzem Herzen zu bejahen, soweit dies menschlich möglich ist. Für Sie bedeutet das vielleicht, dass Sie Ihren Mann herzlich willkommen heißen, wenn er nach Hause kommt; für ihn heißt es vielleicht, dass er seine schmutzigen Socken im Schlafzimmer aufräumt. Vor allem geht es darum, die Ehe zu pflegen, indem wir bewusst und liebevoll die Bedürfnisse des anderen erfüllen.

Ein hervorragender Weg, um die eheliche Beziehung neu zu beleben, ist ein Wochenende für Ehepaare.[30] Wenn Paare uns sagen, sie könnten sich das nicht leisten, dann müssen wir immer an eine Bekannte von uns denken, deren Mann für die Scheidung Zigtausende ausgegeben hat. Als er noch verheiratet war, weigerte er sich hartnäckig, sein Geld für ein Wochenende pro Jahr mit seiner Frau zu „verschwenden". Im Vergleich kostet ein solches Wochenende Sie nur einen Bruchteil dessen, was Sie emotional und finanziell ausgeben müssen, wenn Ihre Ehe aus dem Ruder läuft.

Ein Team zur Unterstützung aufbauen

Wenn Sie in einem negativen Verhaltensmuster gefangen sind – die nörgelnde Frau / der unaufmerksame Mann; die Frau unter Druck / der abgewiesene Mann; die zornige Frau / der passive Mann; die kindische Frau /der verächtliche Mann –, dann sollten Sie erkennen, was Sie da tun, und gemeinsam beschließen, damit aufzuhören. Sobald Sie damit aufgehört haben, brauchen Sie ein Team, das zu Ihrer Unterstützung bereitsteht.

Lange bevor die Flammen der Frustration Sie in Ihrer Ehe eingekreist haben, sollten Sie genug Möglichkeiten zur Hand haben, um diese zu löschen. Am besten fangen Sie schon jetzt an, im ersten Jahr Ihrer Ehe: Stellen Sie ein Team von

Leuten auf, die bereit sind, Ihnen in Ihrer Ehe zur Seite zu stehen – ein anderes Ehepaar, das zu Ihren Mentoren wird; der Pastor, der Sie getraut hat; vielleicht sogar ein professioneller Eheberater, dem Sie beide vertrauen. Laden Sie diese Menschen noch heute in Ihr Team zur Unterstützung ein.

Halten Sie nicht nach Leuten Ausschau, die Ihre Therapeuten werden und Ihre Probleme für Sie lösen. Suchen Sie einfach nach Menschen, denen Sie vertrauen und die für Sie ein Klima der Hoffnung schaffen – Menschen, die Ihnen Mut machen, an den guten Gründen festzuhalten, aus denen Sie geheiratet haben.

Sie können Ihren Mann verändern!

Drei Wochen nach unserer Hochzeit, im reifen Alter von 19 und 21 Jahren, besuchten Mark und ich eines Sonntagabends den Gottesdienst in der Gemeinde eines Freundes. Der Pastor wollte einen bestimmten Punkt in seiner Predigt verdeutlichen – welchen, weiß ich nicht mehr – und stellte dazu eine Frage an alle verheirateten Paare in der Kirche.

„Wie viele von Ihnen", wollte er wissen, „können aufrichtig behaupten, dass es bei Ihrem Mann oder Ihrer Frau nichts gibt, was Sie gern verändern würden?"

Niemand hob die Hand – außer uns beiden.

Alle Blicke wanderten zu uns, während der Pastor mit seinem Mikrofon den Gang entlang in unsere Richtung ging. Er kam direkt zu mir und fragte: „Und wie lange sind Sie beide schon verheiratet?"

„Fast drei Wochen", antwortete ich stolz. Die Versammlung fing wie auf Kommando an zu lachen. Wir waren sprachlos und wütend. Wenn sich so viele Leute mit ihrer mittelmäßigen Ehe abgefunden haben, heißt das noch lange nicht, dass wir das auch tun müssen, so dachten wir.

Doch unser Zorn legte sich schon lange vor unserem ersten Hochzeitstag, als ich „ein oder zwei“ Angewohnheiten bei Mark entdeckte, die ich am liebsten verändert hätte. Was die lachende Gemeinde damals ganz genau wusste, das lernten wir erst allmählich: Jede Frau, egal wie sehr sie ihren Mann liebt, wird früher oder später eine Wunschliste haben mit Veränderungen, die sie gern an ihrem Mann sehen würde:

- Vielleicht haben Sie Ihren Mann geheiratet, weil Sie seine Standhaftigkeit mochten, doch jetzt wären Sie manchmal froh, wenn er etwas lockerer wäre.
- Vielleicht haben Sie ihn wegen seiner Spontaneität geheiratet, doch jetzt wünschen Sie sich, er würde nicht so viel Unvorhergesehenes tun und wäre besser organisiert.
- Vielleicht fühlten Sie sich wegen seines athletischen Körperbaus zu ihm hingezogen, doch jetzt wäre es Ihnen lieber, er würde mehr Zeit mit Ihnen statt im Fitnessstudio verbringen.
- Vielleicht gefiel Ihnen sein Sinn für Humor, doch jetzt würden Sie gern ernsthafte Gespräche mit ihm führen, bei denen nicht immer am Ende eine Pointe kommt.

Früher dachte ich, eine tolle Ehe zu führen würde bedeuten, dass ich Mark nie verändern wollte. Allerdings kann Gott gerade die Ehe dazu gebrauchen, um das Leben eines Menschen grundlegend zu prägen. Und Sie können dazu beitragen. Doch damit das gelingt, müssen Sie zwei widersprüchliche Grundsätze anerkennen:

- Ich kann meinen Mann nicht verändern.
- Ich kann meinen Mann verändern.

Das klingt seltsam paradox. Wenn Sie sich darum bemühen, Ihren Mann zu verändern, dann wird Ihnen das nie gelingen. Und zwar deshalb: Ein Mann, der sich als Objekt der „Renovierungsversuche" seiner Frau sieht, fühlt sich außerstande, sie jemals zufriedenzustellen. Er meint: Egal, was er tut; egal, wie viel Mühe er sich gibt – seine Frau wird immer etwas Neues finden, das sie an ihm anders haben will.

An diesem Punkt denken Sie möglicherweise: *Moment mal! Ich dachte, mein Mann kommt nie von selber drauf, was ich von ihm möchte? Hieß es nicht vorhin, dass ich ihn um das bitten soll, was ich von ihm brauche?*

Die Bitte um etwas, was Sie brauchen, ist nicht zu verwechseln mit dem Erteilen von Ratschlägen. Wenn Sie Ihren Mann mit Ratschlägen und Vorschlägen überschütten, dann wird er das auf jeden Fall als Kritik auffassen, und Kritik raubt ihm die Abenteuerlust und den Spaß, den er daran hat, etwas Liebevolles zu tun. Denn eigentlich will er es tun, weil er Sie liebt, und nicht, weil er dazu gezwungen wird. Aber so fühlt er sich entmannt und abhängig, und somit wird es höchst unwahrscheinlich, dass er die von Ihnen gewünschten Veränderungen vornimmt.

Wie spät ist es?

Es gab einen Punkt, den ich unbedingt bei Mark ändern wollte. Er besaß eine Gewohnheit, die mich mehr störte und verärgerte als alles andere an ihm: Er kam nämlich abends meistens zu spät nach Hause. Jahrelang versuchte ich, dieses Verhaltensmuster zu verändern. Ich probierte es, indem ich ihn zur Rede stellte, meine Zuneigung verweigerte, beim Essen zornig schwieg – all das, was man, wie oben beschrieben, lieber nicht tun sollte. Doch nichts schien zu wirken, bis ich Mark mit etwas ganz anderem überraschte.

Doch der Fairness halber lasse ich ihn die Geschichte selbst erzählen:

Ich hatte es versucht. Wirklich. Ich hatte meine Uhr vorgestellt. Ich hatte angekündigt, dass ich später als erwartet nach Hause kommen würde, um etwas zeitlichen Spielraum zu gewinnen. Ich war vom Stuhl aufgestanden, um früher loszukommen. Doch meine allerbesten Pläne wurden scheinbar Opfer einer Verschwörung von Leuten, die mich unbedingt noch sprechen mussten – dringend –, bevor ich das Büro verließ. Dann rief ich wie üblich zu Hause an, sagte: „Ich komme ein bisschen später, Schatz" und sprintete zu meinem Wagen. Auf der zehnminütigen Fahrt nach Hause legte ich mir die Worte zu meiner Verteidigung zurecht.

Innerlich dachte ich: „Ich bin doch gar nicht so schlecht. Es sind doch nur 15 Minuten Verspätung. Ich weiß, ich bin nicht perfekt, aber immer noch besser als so mancher andere Mann. Und außerdem brauchte dieser Mensch wirklich meine Hilfe. Seine Ehe war in großen Schwierigkeiten!"

Aber wenn ich dann nach Hause kam, war das Abendessen

nicht das Einzige, was in der Küche kochte … Ich gab eine halbherzige Entschuldigung von mir – eigentlich eher eine Erklärung, wessen Schuld es dieses Mal war. Meine Frau ließ mich spüren, wie es sich anfühlte, wenn man sich auf das Wort des Ehemannes nicht verlassen konnte. Ich beschwerte mich über die in meinen Augen unfaire Behandlung, und so hatten wir als Beilage zum Abendessen eine angespannte Atmosphäre.

Nachdem meine Frau sich zehn Jahre lang mit meinem ständigen Zu-spät-Kommen herumgeschlagen hatte, bekam sie genug davon. Sie hatte es satt, Woche für Woche dieselbe Ansprache zu halten. Sie hatte die Versuche satt, mich zu verändern. Und vor allem meine Ausreden. Also ergriff sie in ihrer Verzweiflung die Initiative. Ohne mich vorzuwarnen, beschloss sie, das nächste Mal, wenn ich zu spät kam, etwas ganz anderes auszuprobieren. Auf diese Gelegenheit musste sie natürlich nicht lange warten. Ich kam wie üblich zur Tür herein und hatte mir meine Erklärung schon zurechtgelegt. Doch dann geriet ich in einen Hinterhalt.

Anstatt mit dem üblichen leisen, aber genervten „Du kommst spät!“ empfangen zu werden, an das ich mich schon gewöhnt hatte, wurde ich an der Tür von meiner Frau überfallen. Sie umarmte mich fest und gab mir einen verheißungsvollen Kuss. Während sie mich in den Armen hielt, flüsterte sie mir ins Ohr: „Ich bin so froh, dass du da bist. Ich habe dich so sehr vermisst!“

Das war vor acht oder zehn Jahren, ganz genau weiß ich es nicht mehr. Was ich aber genau weiß, ist, dass sich unsere Ehe veränderte, weil meine Frau etwas verändert hatte:

1. *Ich überlege mir keine Erklärungen und Ausflüchte mehr, wenn ich zu spät dran bin.*
2. *Ich kann es kaum erwarten, nach Hause zu kommen.*
3. *Wenn wir miteinander essen, nachdem ich spät kam, versuchen wir immer noch, den Abend zu genießen.*

Kommt Mark manchmal immer noch zu spät nach Hause? Klar. Aber dort wartet inzwischen keine tadelnde „Mutter“ mehr auf ihn. Er fühlt sich zur Veränderung motiviert – nicht aufgrund meiner Predigten, sondern weil ich ihn sanft zur Veränderung hingeführt, vielleicht sogar verführt habe. Und raten Sie einmal, welche Vorgehensweise er besser findet?

Die Veränderung erfolgte nicht nur in Marks Verhalten, sondern in unserer Ehe. Sie begann in dem Moment, als ich mich nicht mehr auf das fixierte, was ich ohnehin nicht ändern konnte – Marks Verspätung nämlich –, sondern mich auf das konzentrierte, was ich verändern konnte – meine Reaktion.

Wenn Sie Ihre Reaktion verändern, ist das natürlich noch keine Garantie dafür, dass Ihr Mann sich ändern wird. Ebenso wenig wie das Aussäen einer Saat und das Gießen uns einen blühenden Garten garantiert. Aber es verbessert unsere Chancen auf eine reiche Ernte. Sie können Ihren Mann wirklich verändern. Dazu müssen Sie aber den ersten Schritt tun und eine Atmosphäre schaffen, in der die Wandlung stattfinden kann – zuerst bei sich selbst und dann bei Ihrem Mann.

Tipp Nr. 12:

Wenn Sie den Eindruck haben, dass sich Ihre Ehe auf einen „Eisberg" zubewegt, dann holen Sie sich so früh wie möglich Hilfe. Bilden Sie eine Wagenburg und tun Sie alles, um Ihre Ehe zu schützen. Suchen Sie sich ein Team von Unterstützern, das Ihnen in Konfliktsituationen beisteht.

Anmerkungen

1 „What Happens after the Wedding?“ Interview mit Pamela Paul, Sheryl Nissinen und Terry Real (in: *The Oprah Winfrey Show*, Sendung vom 28. Oktober 2002).

2 Leah Heidenrich: „Bride Illusion: Depression in Newlywed Women.“ Forschungsarbeit zur Erlangung des Master-Titels. Zitiert bei Sheryl Nissinen, *The Conscious Bride* (Oakland, Kalifornien: New Harbiger, 2000), S. 176.

3 Nach John M. Gottman, *Die 7 Geheimnisse der glücklichen Ehe* (Berlin: Ullstein Buchverlage, 2014).

4 Nach Linda J. Waite und Maggie Gallagher, *The Case for Marriage. Why Married People Are Happier, Healthier, and Better-Off Financially* (New York: Doubleday, 2000, S. 67).

5 Ebenda.

6 Nach Philip Yancey, *Gott findet uns, wo wir ihn nicht suchen* (Wuppertal: R. Brockhaus Verlag, 2003).

7 Neil Clark Warren, *Alles Lambada! Es darf ruhig Spaß machen, verheiratet zu sein* (Wuppertal: R. Brockhaus Verlag, 2002).

8 Willard F. Harley, *Meine Wünsche. Deine Wünsche* (Aßlar: Gerth Medien, 2006).

9 Siehe dazu die aus dem Leben gegriffenen Beispiele bei Les und Leslie Parrott, *Becoming Soul Mates* (Grand Rapids: Zondervan, 1995).

10 „The Good Wife's Guide“, *Housekeeping Monthly*,

13. Mai 1955, nachzulesen im Internet unter www.lucas-christian.com/wifeguide.htm.

11 Zitiert bei *CBMW News*, Band 1, Nr. 3 (Juni 1996), S.1.

12 Viele der in diesem Kapitel besprochenen Grundsätze lehnen sich an John Eldredges Gedanken zu diesem Thema an. In: *Der ungezähmte Mann. Auf dem Weg zu einer neuen Männlichkeit* (Gießen: Brunnen Verlag, 2013).

13 Siehe Johannes 14,16.26; 15,26; 16,7.

14 C. S. Lewis, *Die böse Macht.* In: *Die Perelandra-Trilogie* (Moers: Joh. Brendow & Sohn Verlag GmbH, 2011).

15 Quentin Schultze, *Winning Your Kids Back From The Media* (Downers Grove, Illinois: InterVarsity Press, 1994, S. 30).

16 Jane Austen, *Verstand und Gefühl* (Köln: Anaconda Verlag GmbH, 2008).

17 Nach einer Geschichte von Gary Smalley, *The Hidden Value of a Man* (Colorado Springs: Focus on the Family, 1992, S. 106).

18 Dialog in abgewandelter Form übernommen von Jeff VanVonderen, *Heil werden in der Familie* (Aßlar: Gerth Medien, 2002).

19 Ebenda.

20 Ebenda.

21 Ebenda.

22 Ebenda.

23 Ebenda.

24 Ebenda.

25 Ebenda.

26 Richard Swenson, *Margin* (Colorado Springs: NavPress, 1995, S. 168).

27 Zitiert bei Mary Pipher, *The Shelter of Each Other* (New York: Ballantine, 1996, S. 38).

28 Weitere Informationen zum Thema Heilung von sexuellem Missbrauch finden sich bei Lynn Heitritter und Jeanette Vought: *Helping Victims of Sexual Abuse.* Minneapolis, Bethany House, 1989. Hilfreich ist auch die (englischsprachige) Internetseite www.joshuachildrensfoundation.org.
Christliche Beratungsstellen in Deutschland, an die Sie sich wenden können, sind zum Beispiel Weißes Kreuz e. V. (http://www.weisses-kreuz.de/de/hilfe-und-beratung/beratungsstellen-vor-ort/) und wuestenstrom (http://www.wuestenstrom.de/index.dhtml/4054be0a6586541945bp/-/deDE/-/CS/-/schwerpunktthemen).

29 Siehe dazu John Gottman, *Die 7 Geheimnisse der glücklichen Ehe.*

30 Ein gutes Seminarangebot für Paare vor und nach der Hochzeit bietet *Team.F – Neues Leben für Familien.* Infos und Termine finden Sie unter www.team-f.de.

Das Buch für Ihren Partner:

Robert Wolgemuth, Mark DeVries
Was jeder Bräutigam wissen sollte
Die 12 besten Tipps für die Ehe
ISBN 978-3-86827-496-7
208 Seiten, gebunden

Mit Volldampf in die Ehe!
Herzlichen Glückwunsch! Sie haben beschlossen zu heiraten und damit eine der wichtigsten Entscheidungen in Ihrem Leben getroffen. Wäre Ihr Leben ein Film, wäre dies das Happy End. Doch Ihr Leben geht jetzt erst richtig los. Wie Sie es schaffen, nicht nur der Traummann Ihrer Angetrauten zu bleiben, sondern ihr darüber hinaus zum Traumehemann zu werden, verraten Ihnen die Autoren dieses Buches. Die erfahrenen Ehemänner und -berater gewähren Ihnen wertvolle Einblicke in das Eheleben, teilen ihr Insiderwissen mit Ihnen und verraten Ihnen, wie Sie von Anfang an die Weichen richtig stellen.